国家社科基金西部项目“丝绸之路经济带沿线供应链质量变革机制研究 ”（项目编号：18XGL001）、陕西省软科学研究计划一般项目“面向精准扶贫的陕西省农村电子商务发展模式和路径研究”（项目编号：2017KRM142）和“一带一路”倡议下陕西快递业发展问题（2018KRZ020）的研究成果

西安邮电大学学术出版基金资助

中国农村电子商务

精准扶贫模式和路径研究

李永飞　著

WUHAN UNIVERSITY PRESS
武汉大学出版社

图书在版编目(CIP)数据

中国农村电子商务精准扶贫模式和路径研究/李永飞著.—武汉：武汉大学出版社,2020.8

ISBN 978-7-307-21527-6

Ⅰ.中… Ⅱ.李… Ⅲ.农村—电子商务—扶贫—研究—中国 Ⅳ.①F713.36 ②F323.8

中国版本图书馆 CIP 数据核字(2020)第 090164 号

责任编辑:陈 红　　责任校对:汪欣怡　　版式设计:马 佳

出版发行：**武汉大学出版社** （430072 武昌 珞珈山）
（电子邮箱：cbs22@ whu.edu.cn 网址：www.wdp. com.cn）
印刷:广东虎彩云印刷有限公司
开本:720×1000 1/16　印张:12.25　字数:218 千字　插页:1
版次:2020 年 8 月第 1 版　2020 年 8 月第 1 次印刷
ISBN 978-7-307-21527-6　定价:45.00 元

前　言

精准扶贫是党的十八大以来，以习近平同志为总书记的党中央为全面建成小康社会，高瞻远瞩、深谋远虑，把扶贫开发工作提升至治国理政新高度并广泛凝聚社会各界力量而推进实施的一项重大举措。

2015 年 8 月，商务部、国务院扶贫办等 19 个部门联合印发了关于加快农村电子商务发展，对老少边穷地区重点扶持，优先试点，按照精准扶贫，精准脱贫的原则把电子商务纳入扶贫开发工作体系的文件，并就塑造互联网环境下全新的生态扶贫提出了明确要求。

2015 年 11 月，国务院办公厅印发《关于促进农村电子商务加快发展的指导意见》，全面部署指导农村电子商务健康快速发展，提出可通过发展农村电子商务改变农村现有农业发展模式以带动经济增长，同时农村电子商务也承载着实现精准扶贫的目标。尤其是近几年来，电子商务发展迅猛带动了各行各业的发展，诸如旅游业等产业皆受益于电子商务的发展。农村电子商务因其广泛的可发展性与资源的丰富性而显得极具潜力，对此机遇的及时把控，能够使农村经济进入一个新的发展阶段，迅速带领农村经济飞速发展。2015 年 11 月，实施电商扶贫工程被正式列入《中共中央国务院关于打赢脱贫攻坚战的决定》。

实现电子商务精准扶贫是一项系统性工程。这就需要政府首先做好顶层设计和总体规划，重点打造良好的电商环境和产业环境，促进形成良好的“电商生态环境”。因此，需要将扶贫机构与相关的产业或经济发展部门结合起来，在整个工程的实施过程中加入必要的扶贫要素，使“农村电商精准扶贫”具有具体的扶贫措施和实效。

本书共九章。第一章 中国农村电子商务精准扶贫概述。主要介绍电子商务、电子商务物流、中国农村电子商务、中国农村电子商务物流、农村电子商务精准扶贫等内容。

第二章 中国农村电子商务精准扶贫现状研究。主要介绍中国农村电子商务精准扶贫现状、存在的问题和未来发展趋势等内容。

第三章 中国现有电子商务精准扶贫模式研究。主要介绍陕西武功、山阳和照金电子商务精准扶贫模式，甘肃成县电子商务精准扶贫模式，浙江赶街、遂昌、临安、丽水、桐庐及海宁电子商务精准扶贫模式，河北清河电子商务精准扶贫模式，山东博兴电子商务精准扶贫模式，吉林通榆电子商务精准扶贫模式以及江苏沙集电子商务精准扶贫模式等内容。

第四章 中国农村电子商务企业现有精准扶贫模式研究。主要介绍阿里巴巴淘宝村模式、电商产业园模式、京东电子商务精准扶贫模式、“货通天下农商产业联盟”模式以及苏宁电子商务精准扶贫模式等内容。

第五章 中国农村电子商务精准扶贫现有路径研究。主要介绍中国电子商务精准扶贫现有路径选择、路径创新以及路径保障等内容。

第六章 中国农村电子商务精准扶贫创新模式研究。主要介绍电商带动中国农村三产融合发展模式，“物流+电商”一体化协同发展模式，电超对接双流通模式，互联网金融+农产品电商实物双渠道营销新模式，VR(虚拟现实)业务模式，智慧农村电商物流模式，农产品基地+电商+城市社区模式以及“三零模式”等。

第七章 中国农村电子商务物流精准扶贫创新模式研究。主要介绍邮政+中小物流，中小物流+公交系统+自助服务站点，“第三方物流下的农村电商物流供应链”运作模式，电商物流一体化模式，支付+电商物流+扶贫一体化模式，农超对接+双向物流模式，地区推广实体经济+农村电商扶贫+现代物流发展模式等研究内容。

第八章 中国农村电子商务精准扶贫实施路径研究。主要介绍精准扶贫下中国支付+电商物流+扶贫一体化模式路径优化，中国农村农超对接+双向物流体系建设的实施路径，地区推广实体经济+农村电商扶贫+现代物流发展模式路径等内容。

第九章 中国农村电子商务精准扶贫对策和建议研究。主要提出明晰发展现状和趋势，制订农村电商精准扶贫顶层设计和规划，引入农村电商人才，培养新型农民，加大对农村电商投融资和招商引资的支持力度，提高技能，依托科技脱贫，推进农村贫困地区物流网络设施建设，提高生鲜物流技术水平，加强农村电商物流的基础设施建设，建立物流信息化服务平台，发展龙头企业，加强市场竞争力等对策和建议。

以上研究内容的材料来源主要是国内外相关期刊的论文，电商扶贫、精准扶贫相关专著和教材，电商精准扶贫相关课题等。本专著西安邮电大学物流工程专业硕士研究生张瑞和樊锦鹏各撰写 5 万字，西安邮电大学会计专业硕士研究生李瑞芝撰写 5 万字。

一、研究意义

电子商务等信息化手段可以帮助贫困地区寻求致富机会，进一步挖掘农村及贫困地区的经济发展潜力。电商扶贫弥补了传统流通渠道的不足，打破了局部地域市场的限制。传统的农村交易主要采用面对面的方式，多为一手交钱、一手交货的现货交易，市场形态级别低，交易市场分散，规模小，且受到时间、地域的限制，不能有效地对接市场，导致交易的效率偏低。在匮乏的商业基础设施及严重的信息不对称面前，贫困地区的农民对接市场很难。而电子商务既减少了流通的中间环节，降低了流通成本，提高了农民的利润空间，也极大地减少了生产者与消费者之间的信息不对称，使农民能够随时了解消费者需求的变化，及时掌握市场情况，将农产品卖到全国，从而实现增收脱贫。

电子商务扶贫可以突破本地资源的限制。除受限于本地市场外，贫困地区的产业开发还经常受限于本地资源。“互联网+电商精准扶贫”的一大优势是可以突破资源的地域限制：一旦有了订单，不仅可以充分利用本地的线下资源，而且可以在更大范围内整合线上聚集的海量外地资源，迅速形成生产能力和供货能力，从无到有地形成一个由电子商务创生的产业集群。

中国农村电子商务的发展还处于相对落后的水平。虽然中国农村电子商务在2014年下半年才开始起步，但发展速度无比迅猛，这与中国农村电子商务的发展得到了各界的大力支持以及中国农村电子商务结合自身特色对发展模式进行了创新等因素密不可分。虽然现阶段中国农村电子商务发展所取得的成就帮助农民提高了农作物销量，同时使得农村贫困家庭的经济状况得到了改善，然而中国农村电子商务扶贫的发展仍然存在着许多问题有待我们去解决。如中国农村电子商务扶贫有着应用率低，覆盖面小的特点，故此中国农村地区的农产品销量仍受制约，农民实际增收还有待提高。

本书以中国农村电商精准扶贫为研究对象，在对中国现有生态资源条件和经济社会发展现状进行深入考察的基础上，从分析开发式扶贫与产业扶贫的优劣性入手，提出坚持产业发展扶贫理念，开拓扶贫新业态下的电子商务精准扶贫新路径，通过加强中国贫困地区物流基础设施及配送体系建设，促进贫困地区农产品网上交易平台搭建以及制定贫困地区电子商务人才技术培训制度，以达到帮助贫困地区提升其特色产业的目的，最终使得扶贫走上电子商务快速发展之路。各方携手建造农村电子商务“果园”，为中国农村经济社会的可持续健康发展奠定基础，为中国扶贫事业发展提供新模式，带来新变革，由此一定能实现国家精准扶贫的宏伟目标。

二、研究的学术价值

本研究从系统的角度引入精准扶贫理念，系统分析中国农村电子商务对农村精准扶贫的影响及作用机理，研究中国农村电子商务促进精准扶贫的理论与方法。本研究有助于我们更好地认清中国农村电子商务对中国农村精准扶贫的促进作用，并丰富了电子商务理论研究的内容。本书首次设计了符合中国实际的农村电商精准扶贫、脱贫的分析框架、新模式、新路径，并给出了有针对性的中国农村电商精准扶贫、脱贫的对策和建议，是对原有电商扶贫研究的拓展和电商扶贫研究内容的进一步丰富和完善，为中国电商扶贫实践和研究提供了新的思路。

三、研究的应用价值

电子商务能够克服交通区位瓶颈制约，降低交易成本，提高经济效益，特别是能把贫困地区绿色、天然、无公害的特色农产品通过网络销售到城市，减少中间环节，增加贫困群众收入，已成为中国深化扶贫攻坚、实施精准扶贫，解决贫困问题的重要路径。随着“互联网+”上升为国家战略，2015 年国务院扶贫办将电商扶贫列为十大精准扶贫工程之一，电商扶贫包括通信等基础设施建设、平台建设、物流体系构建、电商人才培训、融资补贴等诸多措施，也就是说只要有利于促进贫困地区电商发展的措施，都可被纳入电商扶贫的工作范畴内。此后，国务院扶贫办等部门联合发布了《关于促进电商精准扶贫的指导意见》，意见要求到 2020 年在贫困村建设电商扶贫站点 6 万个以上；扶持电商扶贫示范网店 4 万家以上；贫困县农村电商年销售额比 2016 年翻两番以上。

为了尽快实现脱贫和全面建成小康社会，中国深入推进电子商务进农村综合示范工作，在政策、资金上重点向贫困地区倾斜，不断加强电商扶贫的工作力度，促进了电子商务与精准扶贫、脱贫的深度融合。但是，中国农村电商扶贫也存在缺乏统筹引导；市场化程度低；农村电商人才稀缺；物流成本高、周期长、电商基础设施滞后；同质化竞争严重，品牌化、标准化不足；农产品供应链、产业链不健全；跟踪模仿电商模式，缺乏电商龙头企业；贫困群众网上交易能力较弱等诸多问题，这些问题严重影响了中国农村贫困人口通过电子商务就业创业和增收脱贫的步伐。

我们的研究可明晰中国农村精准扶贫、脱贫的现状，为中国农村贫困户提供真实、准确的信息，有效设计出符合中国实际的农村电商精准扶贫、脱贫的分析框架、模式和路径，并给出有针对性的对策和建议。本研究将为中国在电子商务精准扶贫、脱贫规划、开发、建设、管理及贫困人口参与等方面的政策制定或修订提供依据，为解决中国电子商务目前所面临的问题提供指引和思路，对提高中国电子商务精准扶贫程度，加快推进在电子商务扶贫领域践行精准扶贫理念具有现实意义。本研究有助于减少中国农村贫困家庭生产和销售的不确定性与盲目性，有效地提高农产品的流通速度，降低经营成本、开拓市场，使农产品在流通过程中实现增值，从而提高经济效益。本书将成为中国贫困地区和贫困家庭发展现代农业，繁荣中国农村经济的重要突破口，促进中国农村电商和精准扶贫、脱贫工作可持续发展，并有助于最终实现中国农村全面精准扶贫、脱贫直至实现全面小康的目标。

本书主要面向有关农村电商、精准扶贫的政府工作人员、企业负责人、研究学者、本科生、研究生及相关人员，具有较高的社会需求。

李永飞

2019 年 11 月 26 日

目　　录

第1章 中国农村电子商务精准扶贫概述

1.1 电子商务概述

1.1.1 电子商务的定义

电子商务产生至今，各国专家和学者纷纷给出了不同的定义，一般来说，电子商务(electronic commerce，EC)，是基于信息网络技术进行商品交换的商务活动(business activity)。所谓商务活动，是指以营利为目的的市场经济主体通过商品交换获取经济资源的各种经济行为的总称。

电子商务又可分为广义和狭义的电子商务。广义上讲，电子商务一词源自electronic business，是指通过电子工具进行的商业事务活动。电子工具是相对传统的手工工具而言的，这些工具包括从初级的电报、电话、广播、电视、传真到计算机、计算机网络和Internet、移动网络等现代系统。通过使用电子工具，实现企业间业务流程的电子化，配合企业内部的电子化生产管理系统，提高企业的生产、库存、流通和资金等各个环节的效率。

狭义上讲，电子商务是指主要通过使用互联网等电子工具在全球范围内进行的商务贸易活动，是以计算机网络为基础所进行的各种商务活动，包括商品和服务的提供者、广告商、消费者、中间商等有关各方行为的总和。人们一般理解的电子商务是指狭义上的电子商务。

1.1.2 电子商务的分类

1. 按照商务活动的内容分类

按照商务活动内容的不同，电子商务可分为两类。

(1)间接电子商务。间接电子商务也就是有形电子商务，指有形货物的电子订货和付款，这需要利用传统渠道送货，因此，这类电子商务也可称为不完全电子商务。

(2)直接电子商务。直接电子商务也称为无形商品和服务的电子商务。如某些计算机软件、娱乐产品的联机订购、付款和交付，或者是全球规模的信息服务，因此，这类电子商务也可称为完全电子商务。

2. 按照开展电子交易的范围分类

按照开展电子交易的范围，电子商务可分为三类。

(1)区域化电子商务。这通常是指利用该区域的信息网络进行的电子商务活动，其交易的范围较小。如利用货物运输信息系统、税务管理信息系统等进行的电子商务活动。

(2)远程国内电子商务。这是指在本国范围内进行的网上电子交易活动，其交易范围大，对技术和软硬件要求高，且交易各方应具备一定的电子商务知识以及经济能力和技术能力，还要有一定的管理水平。

(3)全球电子商务。这是指在全球范围内进行的电子交易活动，这类电子商务活动中各方的交易均通过网络进行。全球电子商务涉及各个相关系统，例如海关系统、税务系统、运输系统和保险系统等，它对技术和软硬件的要求是三类里最高的。

3. 按照使用网络的类型分类

按照使用网络的类型，可将电子商务分为三类。

(1)基于 EDI(electronic data interchange，EDI)的电子商务。EDI 是将贸易、运输、保险、银行和海关等行业的信息，用一种国际公认的标准格式，通过计算机通信网络，使各有关部门、公司与企业之间进行数据交换与处理，并完成以贸易为中心的全部业务过程。EDI 是商务往来的重要工具，被认为是电子商务的早期形式，因此基于 EDI 的电子商务被称为 EDI 电子商务。

(2)基于 Intranet 的电子商务。Intranet 电子商务是指一个大型企业或者某个行业内部开展的电子商务活动，它形成一个活动链，可以提高工作效率和降低服务成本。

(3)基于 Internet(互联网)的电子商务。基于互联网的电子商务也被称为现代电子商务，是基于互联网的商务活动的总称。

4. 按照交易对象分类

按照交易对象的不同，可将电子商务大致分为五类。

(1)企业与企业之间的电子商务(business to business，B to B 或 B2B)。B to B 即 B2B(business to business)是常用电子商务模式中的一种，其中 B 指的是 business(意指企业)，B to B 即为企业与企业之间的电子商务形式，从企业到企业，买卖双方都为企业。

(2)企业对消费者的电子商务(business to customer，B to C 或 B2C)。B to C 即 B2C(business to customer)，其中 B 指的是 Business，意思是企业，2 则是 to 的谐音，C 指的是 Customer，意思是消费者，这是电子商务按交易对象分类中的一种，即表示企业对消费者的电子商务形式。

(3)消费者与消费者的电子商务(customer to customer，C to C 或 C2C)。C2C 是电子商务的专业用语，意思是个人与个人之间的电子商务，其中 C 指的是消费者，所以 C to C 简写为 C2C，C2C 即 Customer to Customer。比如一个消费者有一台电脑，通过网络进行交易，把它出售给另外一个消费者，此种交易类型就称为 C2C 电子商务。

(4)企业对政府的电子商务(business to government，B to G 或 B2G)。B2G 指的是企业对政府的电子商务形式，主要是企业从政府获得采购合同，其实际应用为政府电子采购。

(5)消费者对政府的电子商务(customer to government，C to G 或 C2G)。C2G 是消费者对政府的电子商务形式，主要包括政府采购、网上报关、报税等，它对整个电子商务行业不会产生大的影响。

综上所述，可以得到如表 1-1 所示的电子商务分类总结。

表 1-1 **电子商务分类总结**

分类方式	分类内容
按照商务活动的内容分类	间接电子商务
	直接电子商务
按照开展电子交易的范围分类	区域化电子商务
	远程国内电子商务
	全球电子商务
按照使用网络的类型分类	基于 EDI 的电子商务
	基于 Intranet 的电子商务
	基于 Internet 的电子商务

续表

分类方式	分类内容
按照交易对象分类	企业与企业之间的电子商务
	企业对消费者的电子商务
	消费者与消费者的电子商务
	企业对政府的电子商务
	消费者对政府的电子商务

1.1.3　电子商务的交易模式

介绍电子商务交易模式前要对电子商务模式的概念有一定的理解，电子商务模式就是指在网络环境和大数据环境中基于一定技术基础的商务运作方式和盈利模式。关于电子商务交易模式的划分现在最主流的是按交易对象分类的商业模式划分，主要分为 B2B 模式、B2C 模式、C2C 模式、ABC 模式、C2B 模式、B2B2C 模式、O2O 模式、B2Q 模式以及 BOB 模式等。

1. B2B 模式

B2B 模式是企业对企业的电子商务，即企业与企业之间通过互联网等现代化信息技术等进行的交易活动。通俗的说法是指进行电子商务交易的供需双方都是商家，它们使用 Internet 技术或各种商务网络平台，完成商务交易的过程。这些过程包括：发布供求信息，订货及确认订货，支付，票据的签发、传送和接收，确定配送方案并监控配送过程等。

B2B 模式是通过 Internet 将上游供货商与下游代理商有机地结合起来开展商务活动的运行模式。它包括以下实体：制造商或销售商、供应商、网上银行、认证中心和物流中心等。B2B 模式见图 1-1。

2. B2C 模式

B2C 模式是企业与消费者之间的电子商务活动，是指企业机构通过互联网发生的一系列电子商务活动。在该模式下，企业是通过 Internet 为消费者提供产品和服务。该模式基本等同于网上商店或者在线零售商店，是随着 Internet 发展起来的，是中国最早产生的电子商务模式，也是消费者接触最多的交易模式，是目前发展最快，应用最普遍的模式之一。如今的 B2C 电子商务网站非

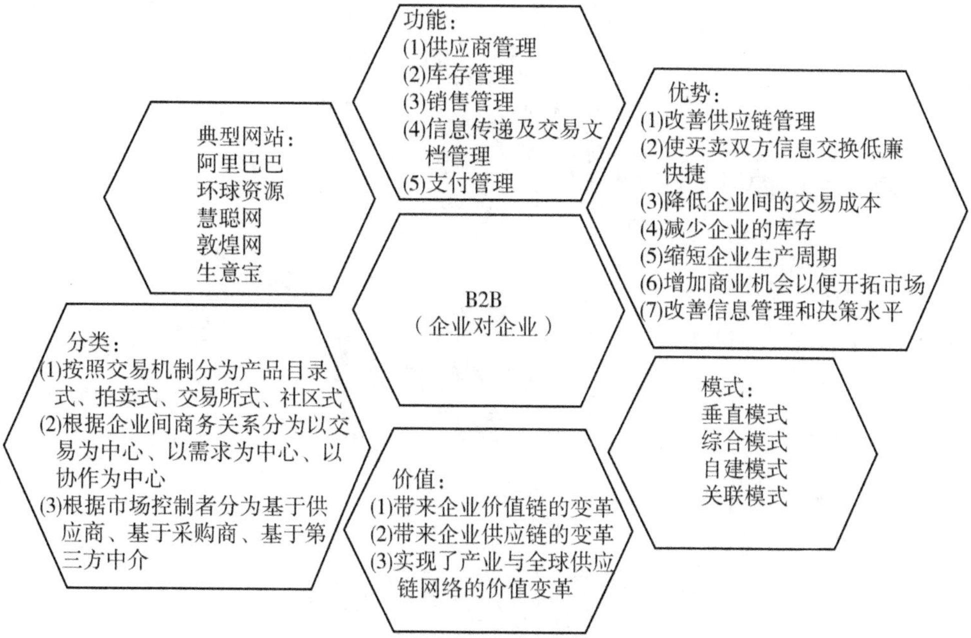

图 1-1 B2B 模式

常多，比较大型的有天猫商城、京东商城、一号店、亚马逊、苏宁易购、国美在线等。

目前，在 Internet 上的零售商店为消费者提供着各式各样有形和无形的商品和服务。有形的主要包括服饰、化妆品、食品、家具和书籍等；无形的主要包括电子书刊、计算机软件和程序等。B2C 模式见图 1-2。

3. C2C 模式

C2C 模式是消费者(个人)对消费者(个人)的电子商务模式，C2C 电子商务平台就是通过为买卖双方提供一个在线交易平台，使卖方可以主动提供商品和服务上网拍卖，而买方可以自行选择商品和服务进行竞价拍买。

这种交易模式来源于传统的交易市场，类似于跳蚤市场，在跳蚤市场中，买卖双方可以进行一对一的讨价还价，只要双方都认同这个价格，就可以完成交易。而 C2C 模式与传统交易模式的本质区别在于，它是在网上进行拍卖，是一种个人之间的自由交易，通过 Internet 完成跳蚤市场的交易，从而实现个人交易的畅通。C2C 模式见图 1-3。

图 1-2　B2C 模式

B2C 和 C2C 同时作为电子商务主要模式，两者既有区别，又有联系，如表 1-2 所示。

表 1-2　**B2C 和 C2C 模式的优劣势对比**

模式	B2C	C2C
优势	产品质量有保障 比较容易获得消费者信任	灵活、资源多 成本低、产品价格低
劣势	产品价格相对较高 参与环节多、成本高	产品质量参差不齐 经营者门槛低，不能保证信誉

4. 其他交易模式

（1）ABC 模式（agents business consumer）：ABC 模式是新型电子商务模式的一种，被誉为继阿里巴巴 B2B 模式、京东商城 B2C 模式以及淘宝 C2C 模式之

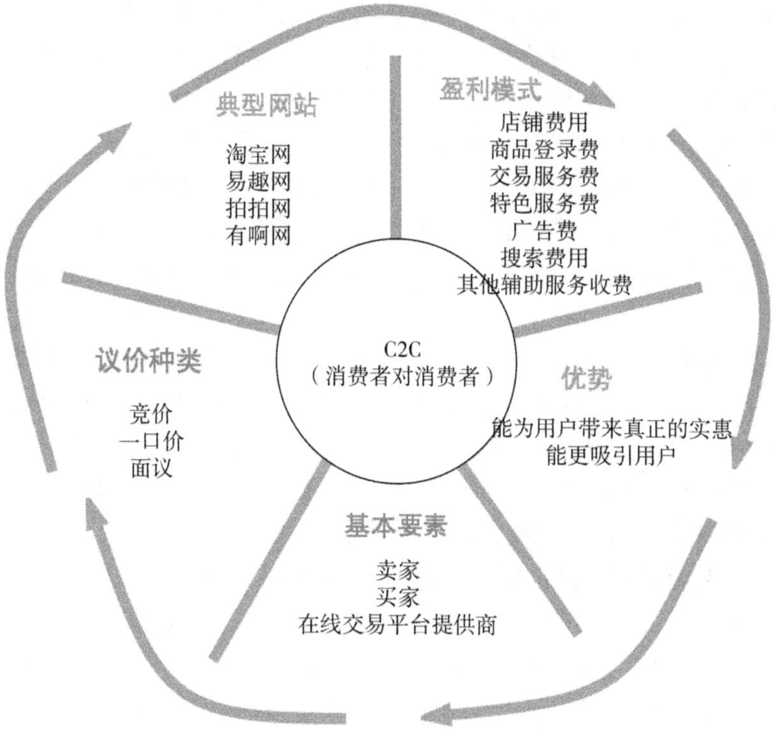

图 1-3　C2C 模式

后电子商务界的第四大模式。它是由代理商(agents)、商家(business)和消费者(consumer)共同搭建的集生产、经营、消费为一体的电子商务平台。三者之间可以转化，大家相互服务，相互支持，你中有我，我中有你，真正形成一个利益共同体，其典型代表为"淘福啦"网站。

(2)C2B 模式：C2B 模式是消费者对企业的一种电子商务交易模式，最先在美国流行起来的。C2B 模式的核心是通过将消费者聚集起来形成一个强大的采购集团进行议价，来改变 B2C 模式中用户一对一出价的弱势地位，使之享受到以大批发商的价格买单件商品的利益。这种模式充分利用了 Internet 优势，将分散的消费者及购买需求聚集起来，形式上类似于现在较流行的团购模式，使消费者享受到批发商的价格。

(3)B2B2C 模式：所谓 B2B2C 模式是一种新的网络通信销售方式，是 B2B 和 B2C 两种模式的整合，是以 B2C 为基础，以 B2C 为重点，将两个模式衔接起来，形成一种新的电子商务模式。

(4)O2O 模式：O2O 模式是一种线上线下相结合的电子商务新模式，即将线下的商务活动与互联网结合在一起，让互联网成为线下交易的前台。这样线下服务就可以用线上平台来揽客，消费者可以用线上平台来筛选服务，还有成交可以在线结算，从而很快达到规模。该模式最重要的特点是：推广效果可查，每笔交易可跟踪。以美乐乐的 O2O 模式为例，其通过搜索引擎和社交平台建立海量网站入口，将一批家居网购消费者吸引到美乐乐家居网，进而引流到当地的美乐乐体验馆。线下体验馆则承担产品展示与体验以及部分售后服务功能。

(5)B2Q 模式(business to business and ensure the quality)：从本质来讲 B2Q 模式是在 B2B 和 B2C 模式的基础上创造性地引入了质量控制的创新模式，是根据市场的需求在巨人的肩膀上的进一步创新。B2Q 模式的交易双方在网上先达成意向交易合同，签单后根据买方需要可引进第三方(验货、验厂、设备调试)工程师进行商品品质检验及售后安装调试服务。

(6)BOB 模式 C：它的核心目的是让那些有品牌意识的中小企业或者渠道商能够有机会打造自己的品牌，实现自身的转型和升级。BOB 模式是一种全新的电商模式，它打破过往电子商务的固有模式，提倡将电子商务平台化向电子商务运营化转型，不同于以往的 C2C、B2B、B2C 等商业模式，其使电子商务以及实业运作中的品牌运营、店铺运营、移动运营、数据运营、渠道运营五大运营功能板块升级和落地，主要助力传统行业转型电商行业，使批发产业得以跟上互联网商业模式。

1.1.4　电子商务的特征

(1)普遍性：随着互联网的发展与普及，网上交易也逐渐被广大网民所接受，电子商务作为一种新型的交易方式，将生产企业、流通企业以及消费者和政府带入了一个网络经济、数字化生存的新天地，被更多网民接受使用。

(2)方便性：在电子商务环境中，人们不再受地域的限制，客户能以非常简捷的方式完成过去较为繁杂的商业活动。如北方人在应季能吃到南方的水果已不再是问题，抑或是网上商业银行可以 24 小时在线，为客户提供资金流转等服务，省去了很多中间环节，同时提高了服务质量。在电子商务活动中，有大量的人力资源可供开发，且从业时间灵活。

(3)整体性：电子商务能够将人工操作和电子信息处理整合成为一个不可分割的整体，这样不仅使人力和物力的利用率都有所提高，而且还使系统运行的严密性得到了提高。

(4)安全性：在电子商务中，安全性是一个至关重要的核心问题，它要求网络能提供一种端到端的安全解决方案，如加密机制、签名机制、安全管理、存取控制、防火墙、防病毒保护等，这与传统的商务活动有着很大的不同。

(5)协调性：商业活动本身是一种协调过程，它需要客户与公司内部、生产商、批发商、零售商间的协调。在电子商务环境中，它更要求银行、配送中心、通信部门、技术服务等多个部门的通力协作。

(6)电子商务与传统的实体市场相比有如下几种特点(见图 1-4)。

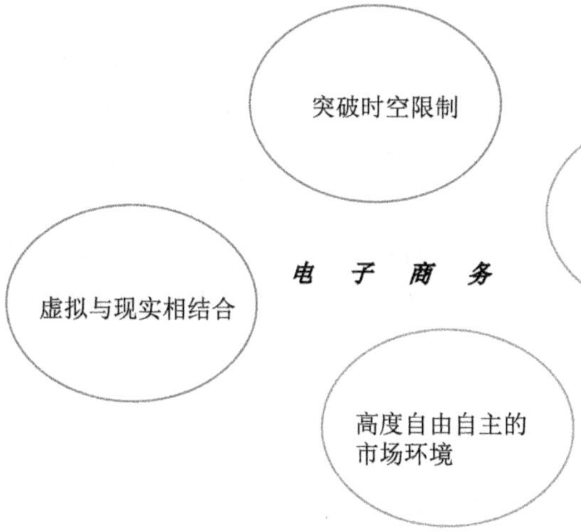

图 1-4 电子商务的特点

1.1.5 电子商务的各项功能

电子商务可提供网上交易和管理等商务活动全过程的服务。它具有企业业务组织、信息发布与广告宣传、咨询洽谈、网上订购、网上支付、网上金融与电子账户、信息服务传递、意见征询和调查统计、交易管理等各项功能。

1. 企业业务组织

电子商务是一种基于信息的商业进程，在这一进程中，企业内外的大量业务被重组，使整个企业更有效地运作。

企业对外通过 Internet 加强了与合作伙伴之间的联系，打开了面向客户的窗口；对内则通过 Intranet 提高业务管理的集成化和自动化水平，以实现高效、快速和方便的业务活动流程。

2. 信息发布与广告宣传

电子商务可凭借企业的 Web 服务器和客户的浏览，在 Internet 上发布各类商业信息。客户可借助网上的检索工具迅速地找到所需的商品信息，而商家可利用网上主页和电子邮件在全球范围内做广告宣传。

与以往的各类广告相比，网上的广告成本最为低廉，宣传范围覆盖全球，同时能给顾客提供最为丰富的信息。

3. 咨询洽谈

在电子商务活动中，顾客可借助非实时的电子邮件、新闻组和实时的讨论组来了解市场和商品信息、洽谈交易事务，如有进一步的需求，还可用网上的交互平台来交流即时的图形信息。

网上的咨询和洽谈能超越人们面对面洽谈的限制，提供多种方便的异地交谈形式，甚至可以在线传输实时的图片和视频片段，产生如同面对面的感觉。

4. 网上订购

网上订购通常都是在产品介绍的页面上提供十分友好的订购提示信息和订购单。当客户填完订购单后，系统会通过发送电子邮件或其他方式通知客户确认订购信息。通常订购信息可采用加密的方式来传递或保存，以保证客户和商家的商业信息不被泄露。

5. 网上支付

对于一个完整的电子商务过程，网上支付是不可或缺的一个重要环节。客户和商家之间可采用电子货币、电子支票、信用卡等进行支付，与传统的支付手段相比，网上支付更加方便和高效，可省略交易中很多人员的开销。不过，网上支付涉及机密的商业信息，所以要对其需要的可靠信息传输的安全性进行控制，以防止欺骗、窃听、冒用等非法行为的出现。

6. 网上金融与电子账户

网上支付必须有电子金融来支持，即银行或信用卡公司及保险公司等金融单位为客户提供可在网上操作的金融服务，而电子账户管理是其基本的组成部分。

信用卡号或银行账号都是电子账户的一种标志，而其可信度需配以必要的技术措施来保证，如数字凭证、数字签名、加密等，这些手段的应用提供了电子账户操作的安全性。

7. 信息服务传递

交易过程中的信息，如订货信息、支付信息、物流配送信息等均可通过各种网络服务来实现。此外，信息也是交易商品的一种形式，如软件、电子读物、信息服务等，可直接通过网络传递到客户手中。

8. 意见征询和调查统计

电子商务能十分方便地采用网页上的“选择”“填空”等格式文件来收集用户对销售服务的反馈意见，这样就使企业的市场运营能形成一个回路。通过对反馈意见的分析和对交易数据的统计，可以了解用户的需求和爱好，有效地把握市场的发展趋势，使企业获得改进产品、扩大市场的商业机会。

9. 交易管理

整个交易的管理将涉及人、财、物多个方面以及企业和企业、企业和客户及企业内部等各方面的协调和管理。因此，交易管理涉及商务活动的全过程。电子商务的发展将会提供一个良好的交易管理的网络环境及多种多样的应用服务系统，这样就能促进电子商务获得更广泛的应用。

1.1.6 电子商务运营模式

1. 综合商城型

综合商城与现实生活中的大商场类似。商场一楼为一级品牌，二楼为女士服饰，三楼为男士服饰，四楼为运动装饰，五楼为手机数码，六楼为特价商品……而综合商城(例如天猫)也是同样的形式，它有庞大的购物群体，稳定的网站平台，完备的支付体系以及诚信安全体系(尽管仍然有很多不足)，加强了卖家与买家的联系。类似传统商场，综合商城虽然不卖东西，但是提供了完备的销售配套。

线上商城在人气足够，产品丰富，物流便捷的情况下，其优势有：成本较低；二十四小时营业；无区域限制；更丰富的产品等，这些意味着网上综合商城即将获得交易市场的一个角色。

2. 衔接通道型

衔接通道型的代表是 M2E 模式。M2E 是英文 manufacturers to e-commerce(厂商与电子商务)的缩写，是驾驭在电子商务上的一种新型行业，是一个节省厂商销售成本和帮助中小企业进行供应链资源整合的运作模式。

3. 网店服务型

日益火爆的网上购物，除了让消费者快捷、方便地在线购物外，也催生了如网购砍价、网拍摄影、网店装修等一批新的“服务型”网店，它们以购物网站为生存根基，凭借丰富的网购经验和技巧从中发掘新的商机。

网购砍价店就是帮消费者省钱。网拍摄影店就是让商品在网上更美，是近年来新兴的网店之一。由于开网店，卖的是“图片”，网店装修店的目标就是让“店面”更吸引人。极具个性特点的店展作风可以让商家吸引更多客源。随着网购日益广泛，网店林立，卖家更希望店面与众不同，网店装修这一新兴行业继而涌现并火热。

4. 导购引擎型

导购引擎型网站，比如导购类型的网站使购物的有趣性和便捷性大大增加，与此同时，诸多购物网站增加了购物返现的活动，少部分推出了联合购物返现活动，这些都是用来满足消费者的需求。导购类型的网站作为 B2C 的上游商，给商家们带去了客户。

5. 社交电商

社交电商(social commerce)是电子商务的一种新的衍生模式，它借助社交媒介、网络媒介的传播途径，通过社交互动、用户自生内容等手段来辅助商品的购买和销售行为。在 Web2.0 时代，越来越多的内容和行为是由终端用户来产生和主导的，比如博客、微博。它们一般可以分为两类，一类是专注于商品信息的，主要是通过用户在社交平台上分享个人购物体验、在社交圈推荐商品的应用；另一类是比较新的模式，通过社交平台直接介入商品的销售过程，这类是让终端用户也介入商品销售过程，通过社交媒介来销售商品。

6. 团购模式

团购(group purchase)就是团体线上购物，指认识或不认识的消费者联合起来，加大与商家的谈判筹码，从而取得最优价格的一种购物方式。根据薄利多销的原则，商家可以给出低于零售价格的团购折扣和单独购买得不到的优质服务。团购作为一种新兴的电子商务模式，通过消费者自行组团、专业团购网、商家组织团购等形式，提升消费者与商家的议价能力，并使消费者极大程度地获得商品让利，引起了消费者及业内厂商、甚至是资本市场的关注。团购的商品价格更为优惠，尽管团购还不是主流消费模式，但它所具有的发展潜力已逐渐显露出来。团购的主要方式是网络团购。

7. 线上订购、线下消费

线上订购、线下消费是O2O的主要模式，是指消费者在线上订购商品，再到线下实体店进行消费的购物模式。这种商务模式能够吸引更多热衷于实体店购物的消费者，传统网购存在以次充好、图片与实物不符等虚假信息的缺点在这里都将彻底消失。传统O2O的核心是在线支付，线上订购、线下消费是对O2O进行改良，把在线支付变成线下体验后再付款，消除了消费者对网购诸多方面不信任的心理。消费者可以在线上的众多商家提供的商品里面挑选最合适的商品，亲自体验购物过程，不仅购物有保障，而且也是一种快乐的享受过程。

由于商务活动时刻存在于我们每个人的生存空间，因此，电子商务的范围波及人们的生活、工作、学习及消费等领域，其服务和管理也涉及政府、工商、金融及用户等诸多方面。Internet逐渐渗透到每个人的生活中，而各种业务在网络上的相继展开，也在不断推动电子商务这一新兴领域的昌盛和繁荣。电子商务可应用于小到家庭理财、个人购物，大至企业经营、国际贸易等诸方面。具体地说，其内容大致可以分为三个方面：企业间的商务活动、企业内的业务运作以及个人网上服务。

1.2 电子商务物流概述

1.2.1 电子商务物流的概念

关于电子商务物流，有人理解为与电子商务模式相配套的物流，也有人理解为是物流的电子商务化，即对电子商务物流有两种理解，一是指电子商务交易活动中的物流活动；二是指利用电子商务化的手段，尤其是利用互联网技术完成的物流活动。

电子商务物流也可以从广义和狭义两个角度来理解。广义的电子商务物流是指依靠计算机技术、互联网技术、电子商务技术、移动电子商务技术等电子化手段所进行的物流活动，其本质是通过电子化手段来实现物流的自动化、网络化、智能化和全球化等，从而降低物流成本，提高物流运行效率；狭义的电子商务物流是指基于互联网、移动通信网络所进行的物流活动，即网上物流。

1.2.2　电子商务物流的特点

1. 信息化

在电子商务时代，先进发达的信息技术是电子商务的核心，物流信息化也是电子商务的必然要求。物流信息系统只有具备良好的信息处理和传输能力，才能提供更好的物流服务。另外，信息化是一切的基础，没有信息化，任何先进的设备都不可以应用于物流领域。

2. 自动化

自动化的外在表现是无人化，自动化的效果是省力化，另外自动化还可以扩大物流作业能力，提高劳动生产率，减少物流作业的差错等。物流自动化的设施非常多，如条形码、语音、射频自动识别系统、自动分拣系统、自动存取系统等。

3. 网络化

一是物流信息的网络化；二是组织的网络化。物流信息的网络化是指通过计算机网络，将物流中心与上游供应商或制造商、下游顾客之间的订单、库存等信息进行实时交互；组织的网络化即所谓的企业内部网，是指企业通过互联网和移动通信网将企业的生产、财务等环节结合为一个有机的统一体。

4. 智能化

电子商务物流智能化是物流系统自动化、信息化的一种高层次的应用，物流作业中的库存水平、运输路径的选择、自动分拣的运行、物流配送中心经营管理的决策等都需要借助专门的知识。目前，物流智能化已经成为一种趋势。

5. 柔性化

柔性化通俗来讲就是“以顾客为中心”，要求真正根据客户需求来调节生产工艺。柔性化的物流正是适应生产、流通与消费者需求而发展起来的一种新型物流模式，要求物流配送中心根据消费者需求“多品种、小批量、多批次、短周期”的特色，灵活组织和实施物流作业。

1.2.3 物流的种类

社会经济运行过程中物流活动无处不在，许多领域包含具有自身特点的物流活动，虽然这些物流活动的基本要素都是相同的，但是由于物流对象、物流目的、物流范围的不同而形成了不同类型的物流。

1. 自营物流

企业自身经营物流，称为自营物流。采取自营模式的电子商务企业主要有两类：一是资金实力雄厚且业务规模较大的传统商务公司；二是传统的大型制造企业或批发企业经营的电子商务网站，由于自身在长期经营传统商务中已经建立了自己的物流体系，在开展电子商务活动时只需将其改进、完善，便可满足电子商务条件下对物流的配送要求。选用自营物流，可以使企业对物流环节有较强的控制能力，易于与其他环节密切配合，全力服务于该企业的运营管理，使企业的供应链更好地保持协调、简洁与稳定。

自营物流能够保证供货的准确和及时，保证顾客服务的质量，维护了企业和顾客间的长期关系。但自营物流所需的投入非常大，建成后对规模的要求很高，大规模才能降低成本，否则将会长期处于不盈利的境地。而且投资成本较大、时间较长，对于企业柔性有不利影响。另外，自建庞大的物流体系，需要占用大量的流动资金。更重要的是，自营物流需要较强的物流管理能力，建成之后需要工作人员具有专业化的物流管理能力。综上，从竞争角度来考虑，自营物流有两个重要的决策变量：一是看是否能提高企业的运营效率；二是看是否能降低企业的运营成本。

2. 第三方物流

第三方物流(third- party logistics，3PL 或 TPL)是指物流活动由商品供方与需方之外的第三方专业化物流公司所提供，第三方物流不参与商品的买卖，而是以合同或契约的形式提供从生产到销售整个流通过程中的物流服务，包括商品的运输、储存、装卸搬运等。

在国内，第三方物流企业一般都是具有一定规模的物流设施设备(库房、站台、车辆等)及专业经验、技能的批发、储运或其他物流业务经营企业。第三方物流是物流专业化的重要形式，它的发展程度体现了一个国家物流产业发展的整体水平。第三方物流是一个新兴的领域，企业采用第三方物流模式对于提高企业经营效率具有重要作用。首先，企业将自己的非核心业务外包给从事该业务的专业公司去做有利于其发挥自己的核心竞争力；其次，第三方物流企业作为专门从事物流工作的企业，有丰富的专门从事物流运作的专家，有利于确保企业的专业化生产，降低费用，提高企业的物流水平。因此，第三方物流企业需开展必要的宣传，强化自身的营销模式，建立较高的品牌效应，使广大中小型企业认识到第三方物流可能给自己带来的效益。

3. 物流一体化

物流一体化是在第三方物流的基础上发展起来的。所谓物流一体化是指以物流系统为核心的由生产企业、经由物流企业、销售企业直至消费者的供应链整体化和系统化。它是物流业发展的高级和成熟阶段。物流业高度发达，物流系统完善，物流业成为社会生产链条的领导者和协调者，能够为社会提供全方位的物流服务。

在 20 世纪 80 年代，西方发达国家如美、法、德等国提出了物流一体化的现代理论，并应用和指导其物流发展，取得了明显效果。在这种模式下，物流企业通过与生产企业建立广泛的代理或买断关系，使产品在有效的供应链内迅速移动，使参与各方的企业都能获益，使整个社会获得了明显的经济效益。

在电子商务时代，物流一体化的发展可分为三个层次：物流自身一体化、微观物流一体化和宏观物流一体化。物流自身一体化是指物流系统的观念逐渐确立，运输、仓储和其他物流要素趋向完备，子系统协调运作，系统化发展；微观物流一体化是指市场主体企业将物流提高到企业战略的地位，并且出现了以物流战略作为纽带的企业联盟；宏观物流一体化是指物流业发展到这样的水平：物流业占到 GDP 的一定比例，处于社会经济生活的主导地位，并使跨国公司从内部职能专业化和国际分工程度的提高中获得规模经济效益。

物流一体化的实质是一个物流管理的问题，即专业化物流管理人员和技术人员，充分利用专业化物流设备、设施，发挥专业化物流运作的管理经验，以求取得整体最优的效果。同时，物流一体化的趋势为第三方物流的发展提供了良好的发展环境和巨大的市场需求。

4. 物流联盟

物流联盟是介于自营和外包之间的物流模式，可降低前两种模式的风险。物流联盟为了比单独从事物流活动取得更好的效果，在企业间形成了相互信任、共担风险、共享收益的物流伙伴关系。企业间不完全采取导致自身利益最大化的行为，也不完全采取导致共同利益最大化的行为，只是在物流方面通过契约形成优势互补、要素双向或多向流动的中间组织。

联盟是动态的，只要合同结束，双方又变成追求自身利益最大化的单独个体。选择物流联盟伙伴时，要注意物流服务提供商的种类及其经营策略。一般可以根据物流企业服务的范围大小和物流功能的整合程度这两个标准来确定物流企业的类型。物流服务的范围主要是指业务服务区域的广度、运送方式的多样性、保管和流通加工等附加服务的广度。物流功能的整合程度是指企业自身所拥有的提供物流服务所必要的物流功能的多少。

电子商务企业与物流企业联盟，一方面有助于电子商务企业降低经营风险，提高竞争力，此外，电子商务企业还可以从物流企业处学习到物流技术和管理技巧；另一方面也使物流企业有了稳定的货源。

一般来说，组成物流联盟的企业之间具有很强的依赖性，物流联盟的各个组成企业明确自身在整个物流联盟中的优势及扮演的角色，内部的对抗和冲突减少，分工明晰，使供应商把注意力集中在提供客户指定的服务上，最终提高了企业的竞争能力和竞争效率，从而满足企业对跨地区、全方位物流服务的需求。

5. 新型物流

新型物流主要包括绿色物流、冷链物流、应急物流、实体分仓物流、危险品物流，当然还包括逆向物流、云物流等。

(1)绿色物流。绿色物流是指物流过程中抑制物流对环境造成危害的同时，实现对物流环境的净化，使物流资源得到充分的利用。它包括物流作业环节和物流管理全过程的绿色化。绿色物流是一种能抑制物流活动对环境的污染，减少资源消耗，利用先进的物流技术规划和实施运输、仓储、装卸搬运、流通加工、包装、配送等作业流程的物流活动。绿色物流的最终目标是可持续性发展，实现该目标的准则不仅仅是经济利益，还包括社会利益和环境利益，并且是这些利益的统一。

(2)冷链物流。冷链物流泛指冷藏冷冻类食品在从生产、贮藏运输、销售到消费前的各个环节中始终处于规定的低温环境下，以保证食品质量，减少食品损耗的低温物流过程。

(3)应急物流。所谓应急物流，是指以追求时间效益最大化、灾害损失及不利影响最小化为目标，通过现代化信息和管理技术整合采购、运输、储存、分拨、配送等各种功能活动，对各类突发性公共事件所需的应急物资实施从起始地向目的地高效率流通的计划、组织、实施、控制过程。应急物流是为应对突发事件而对物资、人员、资金等的需求进行紧急保障的一种特殊物流活动。

(4)实体分仓物流。相对于传统的分仓，实体分仓物流就是电子商务交易中信息流和资金流可以快速传输，而把商品留在当地的分仓，在需要的时候再进行近距离配送。通俗来讲，实体分仓物流就是根据各地消费者的消费特征，将商品提前运送到就近的仓库，这不仅可以提高商家的效益，也可以提升顾客的购物体验，一举两得。

(5)危险品物流。专门用来运输危险品的物流称为危险品物流。危险品一般都是工业原料或产品，因其特殊的物理、化学性能，在接触和处理过程中必须遵守相应的规则，以免发生事故，造成灾害，其运输环节也是一项技术性和专业性很强的工作。

各物流种类的优、劣势比较见表 1-3。

表 1-3　**各物流种类的优、劣势比较**

模式	优势	劣势
自营物流	掌握控制权 盘活企业原有资产 降低交易成本 避免商业秘密的泄露 提高企业品牌价值	投入非常大、对规模要求高 投资成本大、时间较长、对于企业柔性有不利影响 物流体系庞大，建成后需要工作人员具备更专业的管理能力
第三方物流	能灵活运用新技术降低成本 使企业能集中精力于自己的核心业务 能减少企业固定资产投资，加速资金运转 提供灵活多样的顾客服务，为顾客创造更多的价值	企业不能直接控制物流，不能保证供货的准确和及时，可能会降低企业在顾客心中的形象 不利于自营物流发展 不能保证顾客服务的质量和维护与顾客的长期关系

续表

模式	优势	劣势
物流一体化	灵活性较大 有利于实现总体物流的组织与协调管理 对客户的反馈信息可以做出迅速的反应 有利于建立与客户的密切关系	构建成本大，小规模企业很难建立一个庞大的物流体系 很难发挥分工的经济优势 需要不断加大对物流的投入
物流联盟	可以开拓全球市场 有助于降低企业风险 降低物流成本，提高企业竞争力 有利于弥补业务范围内服务能力的不足	冲击主业发展，降低专业化水平 影响旧的客户关系 体系脆弱，很容易解体

1.2.4 电子商务物流发展模式概述

1. 轻公司轻资产模式

轻公司模式的核心商业模式是将现代电子商务模式与传统零售业进行创新性融合。这种模式下的电子商务企业只做自己最擅长的部分，比如平台、数据，而把其他不擅长的业务比如生产、物流都外包给第三方专业的企业去做，最终是把公司做小，把客户群体做大。

所谓的轻资产主要是最少地占用自己的资金、以达到利润最大化。如某些服装品牌只负责设计、品牌管理以及营销渠道，将物流、生产外包给其他公司做，由于不用自己出钱建厂，不需要占用自己太多的资金，这就是轻资产。

轻资产模式的企业往往能够有效利用三个杠杆：善于有效利用资产杠杆，即具有利用与整合存量关键资源的能力，因此自身投资少，业务系统轻资产运营；善于有效利用负债杠杆，即库存低，应收账款少，有息负债少，运营效率高，风险低，运营资本消耗少，甚至为负；善于有效利用价值杠杆，即投入资本收益高，成长速度快，价值实现效率高，能很快获得资本青睐。耐克、阿迪达斯、可口可乐都属于轻资产商业模式。

2. 垂直一体化模式

垂直一体化模式，也被称为纵向一体化模式，即是从配送中心到运输队伍，全部由电商企业自己整体建设，这是完全与轻公司轻资产模式相反的物流模式，它将大量的资金用于物流队伍、运输车队、仓储体系建设。典型企业有京东商城、苏宁电器等。

垂直一体化模式改变了传统电子商务企业过于注重平台运营而轻视物流配送的状况，将较多的资金和精力转投物流体系建设，希望通过物流方面的优势加大在电商业务上的竞争力。

3. 半外包模式

相对于垂直一体化模式的过于复杂和庞大，半外包模式是比较经济而且相对可控的模式，它也被称为半一体化模式，即电商企业自建物流中心和掌控核心区域物流队伍，而将非核心区物流业务进行外包。

这种半外包模式仍然需要电商企业自己投入大量资金进行物流体系建设。垂直一体化模式和半外包模式，实际上都是电商企业将业务扩展到了物流业的一亩三分地，虽然对于做好顾客的物流服务有较高的保障，但是需要电商企业投入较多的资金和精力，以及具备丰富的物流管理经验，可以说，这实际上存在很大的经营风险。

4. 云物流模式

借鉴目前热门的云计算、云制造等概念，云物流模式就是指充分利用分散、不均的物流资源，通过某种体系、标准和平台进行整合，为我所用、节约资源。

从理论上讲，云物流实现了“三化”：一是社会化，快递公司、派送点、代送点等成千上万的终端都可以为我所用；二是节约化，众多社会资源集中共享一个云物流平台，实现规模效应；三是标准化，一改物流行业的散、乱，建立统一的管理平台，规范服务的各个环节。

云物流模式利用订单聚合的能力来推动物流体系的整合，包括信息整合、能力整合。但目前云物流只是提供了一个信息交换的平台，解决了供给能力的调配问题，没有从根本上改变行业配送能力的整合问题、服务质量问题、物流成本及物流效率的控制问题。

5. 供应链

我国《物流术语》(GB/T 18354—2006)中对供应链的定义为：生产及流通过程中，涉及将产品或服务提供给最终用户活动的上游与下游组织所形成的网链结构。

供应链的特征为：供应链由一些节点组成，它从原材料的供应节点开始经过网链中不同企业节点的制造加工、组装、分销等过程直到最终用户节点；各节点通过物流、信息流、资金流的交互活动而形成稳定的战略关系；各节点在产品或服务的生产、交换和消费中，一环扣一环，形成一种网链结构。从这个角度来看，供应链也可以定义为：供应链是围绕核心企业相关节点，在生产或服务过程中，通过信息流、物流、资金流的交互活动，从源端供应节点提供原料开始，制成中间产品或服务以及最终产品或服务，最后经由配销网络把产品或服务送到终端消费节点手中而形成的稳定战略关系下的一个整体的网链结构。供应链结构见图 1-5。

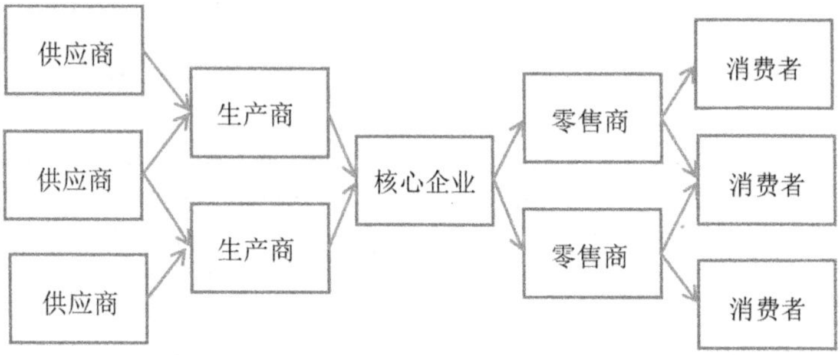

图 1-5　供应链结构

作为一种战略概念，供应链也是一种产品，而且是可增值的产品，其目的不仅是降低成本，更重要的是提供用户期望以外的增值服务，以产生和保持竞争优势。从某种意义上讲，供应链是物流系统的充分延伸，是产品与信息从原料到最终消费者之间的增值服务。

1.2.5　电子商务物流发展趋势

随着网络技术的发展，物流业也在快速发展，电子商务下的物流也呈现出新的发展趋势。电子商务物流已经成为人们生活中必不可少的东西，并且使得中国社会财富急剧增加。随着电子商务的飞速发展，各种类型的购物网站为消费者提供了大量的商品，人们对物流的需求和依赖也越来越大。电子商务把物流业提升到了前所未有的高度，为其提供了空前发展的机遇。近几年中国电子商务交易规模见图 1-6。

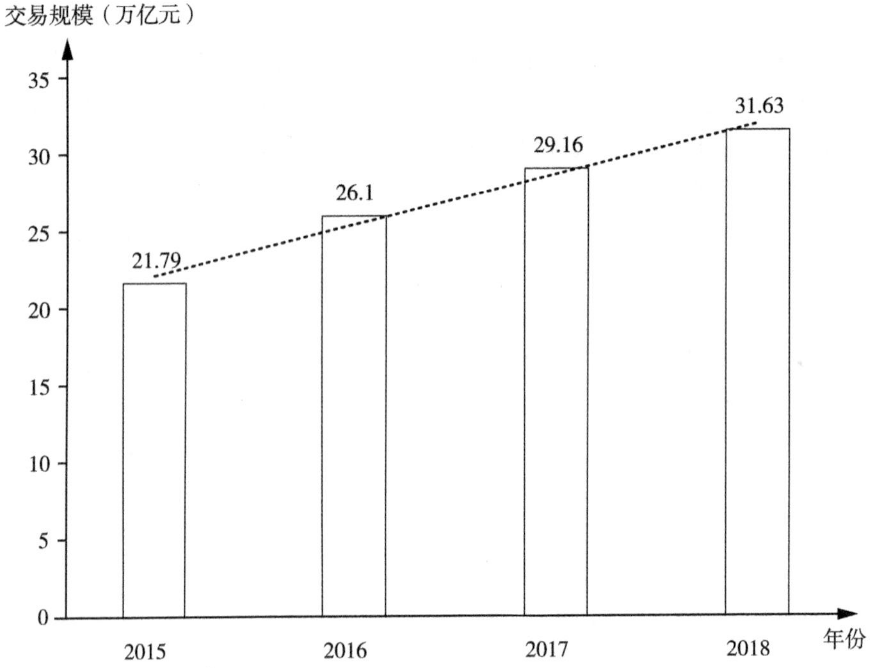

图 1-6　2015—2018 年中国电子商务交易规模

电子商务环境下，物流行业是能完整提供物流职能服务，如运输配送、仓储保管、分装包装、流通加工等，并收取报偿的行业，主要包括仓储企业、运输企业、装卸搬运、配送企业、流通加工业等。信息化、全球化、多功能化和一流的服务水平已成为电子商务环境下物流企业追求的目标。电子商务物流发展趋势见图 1-7。

(1)电商物流服务将多功能化。“三流合一”是现代物流的发展方向。一个配送员送货给客户的过程中可以同时实现资金流、信息流、物流的一次性完成。在信息流方面，客户签收之后，配送员马上用掌上电脑(PDA)或智能手机将信息传输给公司，负责信息收集的人员不但知道货物已签收成功了，还可清楚了解配送途中用了多长时间。

(2)服务柔性化。与时俱进地服务客户是现代物流的追求。最后一公里配

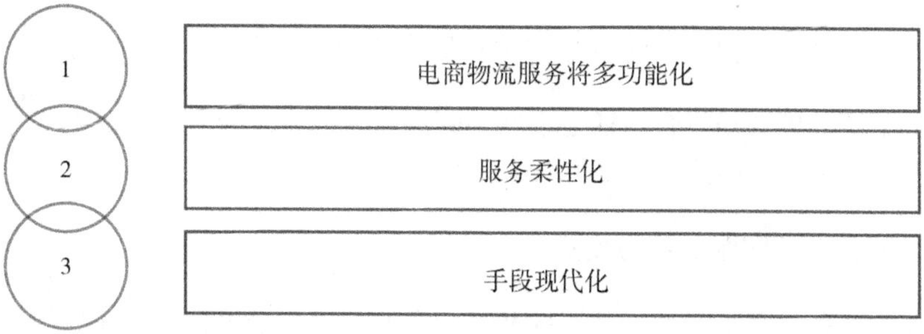

图 1-7　电子商务物流发展趋势

送的发展趋势是关系营销。配送的商品都是感情的载体。配送人员要带着感情为客户服务，将客户当成自己的亲人和朋友，只有这样才能把服务做到点子上。尽管是举手之劳的小事，也能颇有成效。例如：配送员在将东西送到客户家后，顺手帮客户丢弃放在家门口的垃圾袋。这小小的举动有助于客户满意度的提升。

(3)手段现代化。这是现代物流的物质保证。科学技术是第一生产力，电商企业仅靠一台电脑和一个扫描枪，是无法提供现代物流服务的，应当引入先进适用的物流技术设备，尤其是信息系统，以实现流程优化，从而提高物流管理与运作水平。同时要让配送员成为一个个流动的有源电子标签(RFID 标签)，以充分发挥其信息载体的作用。

1.3　中国农村电子商务概述

农村电子商务是通过网络平台嫁接各种服务于农村的资源，以拓展农村信息服务业务和服务领域，使之兼而成为遍布县、镇、村的三农信息服务站。农村电子商务平台的实体终端，直接扎根于农村服务于三农，真正使三农服务落地，使农民成为平台的最大受益者。农村电子商务平台配合密集的乡村连锁网点，以数字化、信息化的手段，通过集约化管理、市场化运作、成体系的跨区域跨行业联合，构筑紧凑有序的商业联合体，以降低农村商业成本、扩大农村商业领域，使农民成为平台的最大获利者，使商家获得新的利润增长。2015 年 10 月 14 日国务院总理李克强主持召开国务院常务会议，决定完善农村及偏远地区宽带电信普遍服务补偿机制，缩小城乡数字鸿沟；部署加快发展农村电商，通过壮大新业态促消费惠民生；确定促进快递业发展的措施，培育现代服务业新增长点。

1.3.1　中国农村电子商务模式的基本内涵

电子商务模式是指企业通过互联网获得收入的方式及其实现方案。常见的中国农村电子商务模式有以下几种：

（一）信息联盟服务商务模式

农业信息具有季节性、地域性和综合性的特点。季节性指的是农业生产具有较强的季节性，信息服务必须有时间观念；地域性指的是由于我国各地气候、土壤等自然条件差异，农作物种植方式、品种均呈现地域性分布，信息服务要具有地域性；综合性指的是农业信息涉及许多方面和领域，包括政务信息（政策法规、政务通告等）、商务信息（价格信息、市场行情等）、文化生活信息、劳务信息、种子信息、化肥信息、农药信息、农机信息等，信息服务要具有全面性。

在信息尚缺乏科学分类和标准的农业领域，任何一个企业开展电子商务都会感到束手无策。要解决这样的问题，只有依托现代信息技术的强大优势，在政府有关部门和单位的支持下，科学分类、制定标准，建立农业网站信息服务联盟，构建农业领域综合信息平台，联合国内各区域、各部门的涉农网站，实现资源共享、信息互通、共同盈利。

（二）农民信息服务商务模式

这是投资建立农业电子商务网站最先想到的模式。农业电子商务网站的建立，在一定程度上满足了农民的信息需求，使得农民能够了解更多的市场信息，并利用网络来销售农产品，给广大农民带来的是不可预料的销售机会，增加了农民的收入，并受到农民的欢迎。

1. 短信商务模式

农业信息短信服务模式伴随着现代网络信息技术的发展而出现，主客体包括信息内容提供商（ICP）、网络服务提供商（ISP）和手机客户（农民或广大涉农生产经营者）。这种模式在我国许多地方广泛运行，如安徽农网和安徽移动通信公司联合开展了此项业务。这种模式的优点在于能充分利用现代网络信息技术和无线通信技术，服务内容丰富，直接面向农民，减少了中间环节，效率较高，投入较小，产出效益较大。缺点是：没有得到很好的推广，了解的人不多，由于收费问题农民接受还需要一个过程；操作的难易度、信息的分类标准和农民手机的持有量也是影响它发展的因素。从我国短信发展历史来看，这种服务模式蕴藏着巨大商机，主要应在信息分类、信息标准等方面下工夫。

2. 农村经纪人商务模式

我国农村经纪人在农业经济活动中非常活跃，在传播信息、促进农产品流通方面起到了不可估量的作用。农村经纪人一般具有接受新事物快、交流广泛、熟悉市场、了解政策、有一定的经济能力等特点，他们对信息的需求比普通农民强烈，也有能力为获取有价值的信息支付一定的费用，可以预计，农村经纪人将是农业信息服务的主要对象。

3. 会员商务模式

主要是农业网站面向广大的农村市场，建立网站会员制度以吸引农村经济组织、经纪人和农民积极参与。要创造机会让会员得到实惠。将会员的积极性调动起来后，他们必然就会积极主动和涉农相关部门合作，想方设法地通过各种渠道获取农业信息，而且会验证这些信息的真伪性。急需这些信息的客户们只需花很少的钱就能获得全部信息内容，从而获利，实现双赢。会员在得到信息的同时，也为网站带来了源源不断的信息流并创造了无限商机。会员可以帮助农民发布信息、收集农民所需的信息。这种模式的优点在于不需要多大的投入，而且能发动与农业有关的组织等力量参与，随着业务的开展，效益也会越来越大，越来越明显，可行性也越来越强。可以预计，这将是农业电子商务网站最具潜力的一种模式。

(三)企业信息服务商务模式

企业信息服务商务模式主要分为以下两种：

1. 农产品加工及贸易企业的信息服务商务模式

我国农产品加工及贸易企业绝大多数是中小企业，数量庞大，分布在城市边缘或广大的乡村，由于信息闭塞，无法及时掌握供求方面的信息，因此渴望从网上获得农产品供求信息。

我国农业生产存在规模小、销售渠道不畅，甚至有些地方农产品卖不出去的问题。农业网站必须成为供需双方之间信息沟通的桥梁，让农产品能够迅速找到买家，让农产品加工和贸易企业迅速找到所需的农产品，这样才能使企业、农民对农业网站上发布的市场信息产生依赖，在此基础上进一步发展网上贸易。

“一站通”就是一个很好的服务平台，每天发布大量的农产品供求信息，但由于网站栏目设计和网站功能简单，还没有引起农产品加工和贸易企业的高度重视。下一步，必须不断调研了解客户需求，完善“一站通”功能，使栏目设计更加合理、规范，以利于应用。

2. 农用生产资料企业的信息服务商务模式

农业生产需要大量的生产资料，如化肥、农药、种子等。农用生产资料企业的产品面向广阔的农村市场，在市场推广、产品销售方面花费了大量的人力、物力，在电视、广播、报刊、乡村墙壁等发布大量的广告，花费巨大，往往效果不一定很好。农业网站可以利用多媒体信息技术为这类企业发布广告，通过邮件将其发给网站的农村会员。由于农业网站的服务主体是农民，利用这种形式发布广告，直接面对需求者，具有非常强的针对性。

(四)综合服务商务模式

上述三种模式主要是提供服务，不涉及物流，而综合服务商务模式是以信息流为先导，并结合物流的一种商务模式。任何一种商务模式，要么提供服务，要么提供产品，或者两者兼有。

综合服务商务模式的核心内容是信息流和物流相结合，利用企业传统的物流系统，加上农业网站先进的信息流系统，组成商业联盟，网站会员购买联盟企业的产品实行优惠加积分制，每年根据积分多少，给予会员一定的报酬。

1.3.2　中国农村电子商务服务内容

农村电子商务服务包含网上农贸市场、特色旅游、特色经济、数字农家乐和招商引资等内容。

(1)网上农贸市场。迅速传递农林渔牧业供求信息，帮助外商出入属地市场和属地农民开拓国内市场、走向国际市场；组织开展农产品市场行情和动态快递、商业机会撮合、产品信息发布等活动。

(2)特色旅游。依托当地旅游资源，通过宣传推广来扩大其对外知名度和影响力，并全方位介绍属地旅游线路和旅游特色产品及企业等信息，以发展属地旅游经济。

(3)特色经济。通过宣传、介绍各个地区的特色经济、特色产业和相关的名优企业、产品等，从而拓展产品销售通路，加快地区特色经济、名优企业的迅猛发展。

(4)数字农家乐。为属地农家乐(有地方风情的各种餐饮娱乐设施或单元)提供网上展示和宣传的渠道。通过运用地理信息系统技术，制作有关农家乐分布情况的电子地图，同时采集农家乐基本信息，使其风景、饮食、娱乐等各方面的特色尽在其中，一目了然。既方便城市百姓的出行，又让农家乐获得广泛的客源，实现城市与农村的互动，促进当地农民增收。

(5)招商引资。搭建各级政府部门招商引资平台，介绍政府规划发展的开发区、生产基地、投资环境和招商信息，以更好地吸引投资者到各地区进行投资生产经营活动。

1.3.3 中国农村电子商务扶贫模式的独有特征

农村电子商务扶贫模式是电子商务在农村扶贫工作中的运用，除具有电子商务模式的基本特征外，农村电子商务扶贫模式也有其独有的特征。

1. 多样性和特殊性相结合

多样性既表现在农村电子商务扶贫模式可以根据不同的角度划分为不同的种类，也表现在各地区采用的农村电子商务扶贫模式是多种多样的。特殊性既表现在各种农村电子商务扶贫模式具有其独特的运作方式和方法等，也表现在不同的地区和农产品采用的模式具有差异性和特殊性。

2. 盈利性和服务性相结合

农村电子商务扶贫模式的主体机构在利用电子商务来增加农民收入和发展农村经济时，也会给自身带来一定的经济收益。农业企业(含大户、家庭农场)农村电子商务扶贫模式对利益需求最大，合作社农村电子商务扶贫模式次之，公共机构农村电子商务扶贫模式对利益需求最小。公共机构农村电子商务扶贫模式的服务性价值目标动机最大，合作社农村电子商务扶贫模式次之，农业企业农村电子商务扶贫模式的服务性价值目标动机最小。

3. 农村扶贫和电子商务相结合

农村电子商务扶贫模式是以电子商务服务平台开展农村扶贫工作的模式，其在农村扶贫工作的大背景下，积极利用现代化的电子商务网络经营形式，将农村扶贫工作与电子商务结合起来，拓宽农业经营范围和形式，以增加农民收入和推动农村经济发展。

1.3.4　中国农村电子商务发展模式

1. 综合服务商+网商+传统产业

该模式的代表是遂昌模式，所谓遂昌模式，就是以本地化综合服务商为驱动，带动县域电子商务发展，促进地方传统产业，尤其是农业及农产品加工业的发展。

遂昌模式的主要做法：该模式的核心是“综合服务商”，即“遂昌网商协会”下属的“网店服务中心”，其主要职能为制定并推行农林产品的产销标准；统一制作商品的数据包(图片、描述等)用于支撑网上分销商选货和网销；统一仓储，为网络分销商的订单统一发货并提供售后服务。

启示：“网店服务中心”在遂昌农产品电商化的过程中起了非常重要的作用，其通过“统一采购、统一仓储、统一配送、统一物流、统一包装”等零成本开店的运营服务，使看似无序的“农产品”向“商品”变身有了规范，而且降低了网商的技术和资金门槛，使网商实现零库存经营。

2. 区域电商服务中心+青年网商

该模式的代表是浙江丽水模式。

丽水模式的主要做法：青年创业+基地。鼓励农村青年通过互联网创业，构建“一核八心”电子商务集聚区，建立区域电商服务中心，建设市、县两级电商创业园。

团委帮扶+信贷。该市团委向部分行政村整村授信，给信用村发放 3000 万元贷款，主要用于解决农村电商发展的资金瓶颈。

启示：丽水模式为“政府投入、企业运营、公益为主、市场为辅”，通过政府服务与市场的有效结合，成功吸引大量人才和电商主体回流。

3. 生产方+电商公司

该模式的代表是吉林通榆模式，通榆电商作为全国第三个农村淘宝的试点县被纳入“千县万村”的发展战略。

通榆模式的主要做法：2013 年末，在吉林通榆地方政府的支持和参与下，由社会力量投资成立了一家电商公司。该公司的主要职能就是整合生产方(农户、生产基地、合作社或农产品加工企业等)的产品(小米、绿豆、燕麦和竹豆等），通过淘宝平台销售。公司注册统一的品牌，统一包装、销售和提供服务。

启示：政府整合当地农产品资源，系统性委托给具有实力的大企业进行包装、营销和线上运营，地方政府、农户、电商企业、消费者及平台共同创造并分享价值，既满足了各方的价值需求，又带动了县域经济的发展。

4. 专业市场+电子商务

该模式的代表是河北清河模式，清河模式是我国电商集群发展的一种典型模式，其与专业市场的带动密不可分。

清河模式的主要做法：建成新百丰羊绒（电子）交易中心。吸引国内近200家企业进行羊绒电子交易。建立B2C模式的“清河羊绒网”、O2O模式的“百绒汇”网，100多家商户在此平台设立网上店铺。

实施品牌战略。清河有12个品牌入选“中国服装成长型品牌”，8个品牌获得河北省著名商标，24家羊绒企业跻身“中国羊绒行业百强”。

启示：由于有强大的传统产业和专业市场做支撑，清河羊绒电商的商品价格低、供应链效率高、行业竞争力强。

5. 集散地+电子商务

该模式的代表是陕西武功模式，陕西省武功县确立了“建设西北电子商务第一县”的目标，并探索“买西北、卖全国”的营销模式。

武功模式的主要做法：以园区做载体，大力吸纳外地电商到当地注册经营。园区不仅聚集了农产品生产、加工、仓储、物流和销售等各类企业，还聚集了西北五省30多类300多种特色农产品。

以人才为支撑。搭建电商孵化中心、产品检测中心、数据保障中心、农产品健康指导实验室四大平台；实施免费注册、免费提供办公场所、免费提供货源信息及个体网店免费上传产品、免费培训人员、在县城免费提供wifi等五免政策。

启示：武功县的“铁公基”优势明显，为电子商务的物流、供应链等方面提供了很强的支撑。同时，政府思路明确，搭建了各项平台，并给予各种扶持政策，使农村电子商务得到了较好发展。

6. 农产品供应商+联盟+采购企业

该模式的代表是货通天下农商产业联盟，联盟的运营总部位于上海，其属于 B2B 的一种。联盟的主要任务是为采、供双方提供以交易为核心的多种服务，联盟从达成的交易中收取 1%~3%的服务费。

货通天下农商产业联盟的主要做法：通过联盟平台组织会员，实现销售型“大企业”和生产型“小农户”的产销对接。

通过交易平台运营管理，有效匹配农产品需求和供给。在实际交易中，平台不仅为供需双方提供订单撮合、拍卖销售、委托采购、支付结算等交易服务，还根据销售方需求建立了一套农产品的品质标准和质量检验、缺陷折扣的交易流程。

通过提供社会化服务，整合生产、加工、销售产业链。例如，定向为会员企业提供农产品信息、种养技术、加工技术、农资保障、管理咨询服务等。

启示：货通天下农商产业联盟模式在整合农业产业链、降低市场交易成本和推动农业生产的规模化、产业化、专业化和服务的社会化等方面具有积极意义。

1.4　中国农村电子商务物流概述

1.4.1　中国农村电子商务物流体系内容

1. 县级物流中心建设

物流体系的建设是农村电子商务得以实施的前提和基础。商务部《农村电子商务服务规范(试行)》指出要“通过农村电子商务物流体系建设，整合县域现有的物流资源，力争实现资源的合理化配置，为农村群众提供快递收发、本地物流配送等服务，为实现‘工业品下乡、农产品进城’双向流通奠定基础”。

县级物流中心是集仓储、分拣和配送于一体的区域物流中心，其目标是完成区域内物流和信息流的集散，是本县域内部物流运作的枢纽和指挥中心。具体来讲，建设县级物流中心需要达到以下功能：

(1)仓储配送功能。县级物流中心至少能够满足本县域工业消费品和农副产品的日常上下行基本物流需求，保证农村电子商务供应链的日常运转。对物流有特殊要求的生鲜农产品，县级物流中心应能够提供具备保鲜、冷藏和防疫等功能的物流设备。一个标准的物流服务中心应有保鲜库、冷藏库等设施内的温控设备和防潮设备。需要根据本县的具体情况，合理投资建设县级物流中心。

(2)信息集散功能。县级物流中心是区域物流运作的枢纽，是区域内物流资源的协调中心，因此县级物流中心需要具有一定的信息收集、处理和传播能力。县级物流中心需要把市场需求信息直接反馈给农户、合作社和加工企业，并能够实现对主销产品的生产、需求、进出口情况以及市场行情的实时监测和分析，为农村电子商务的不同参与主体提供决策参考，以确保农村电商的持续稳定发展。

(3)展示交易功能。除了基本的仓储配送和信息集散功能外，县级物流中心还需要具备一定的展示交易功能。电子商务发展的趋势是线上与线下结合，但在县域，由于受到服务半径的限制，目前的物流水平无法为部分农副产品提供相应的服务，因此对于此类农副产品只能引导消费者到店消费，这是一般县级服务中心建立交易展示模块的原因。

对县一级政府而言，搭建农村电子商务物流体系需要注意以下几个方面：首先是要做好政策引导。结合商务部、省市出台的农村电商相关政策，根据本地发展的客观情况，制定促进农村电商物流发展的支持政策，积极引导快递、第三方物流企业向农村发展，提高农村物流供给能力，降低农村物流成本。

其次是要加强物流信息化建设。农村电子商务物流的优势在于能够在城市与农村之间打通商流，交易驱动下的物流运作能够大幅度降低成本，因此农村物流信息化的建设至关重要，要将物流体系与电子商务、商贸零售结合起来，使得供求信息能够在城乡之间快速、有效流动。

最后，物流体系建设需要充分利用现有资源。一是要尽可能借助现有的商贸流通体系，以电子商务物流建设带动传统商贸流通业态转型升级；二是要促进物流基础设施的开放共享，努力建成物流服务体系的“机场模式”。

2. 乡镇分拨中心建设

乡镇分拨中心的主要职能是承接县域和乡村之间的物流中转和配送。在建设选址上分拨中心要求建立在交通便捷的中心乡镇，综合考虑周边地区的物流需求，同时需要科学规划物流车辆的运行时间节点和路径，尽可能提高物流运作效率。

3. 村级配送网点建设

村级配送网点的主要职能是快递包裹的代收代发，此外村级配送网点更多的是承载农村电子商务服务，例如网络代购代销、信息服务、便民服务和金融服务等。村级配送网点是农村电子商务综合服务体系最基层的触角，是感受农村市场需求和供给的信息神经末梢。一般来讲，村级配送网点的建设主要包括以下三方面内容：

首先是配送网点的选址问题。一般来说，配送网点需要根据当地的实际情况综合选择经济条件相对较好、人口较多的村落，同时兼顾其交通设施和周边环境。其次是建设时应优先借助已有的商贸流通资源。建网点时应优先选择村落里已有的小卖部、小超市，或者邮政点、供销合作社网点等。最后，建设时需要叠加网点的信息服务能力。一般来说，村级配送网点同时也是农村电子商务服务站，需要建设一定的信息基础设施，如电脑、网络、展示货架等。

1.4.2　中国农村电子商务物流发展模式

鉴于我国农村区域分布特点，开展农村电子商务时，如何将商品快速地送到农民手中成为电商企业和物流企业亟待解决的问题。通过对我国农村电子商务物流运作模式的深入分析，目前我国农村电商物流运作的五种模式如下：

1. 设立超市或小卖部自提点

物流公司与农村各乡镇、村屯主要核心区域超市和小卖部合作，在该超市(小卖部)设立货物自提点。该自提点负责提供保管快递包裹、代收货款、代签代收包裹等服务。农民通过网络下单，可选择自身方便的自提点填写收货地址，由物流公司将商品运送到村民选择的自提点，由该自提点代签代收货物。

由于农民的消费特点以及一些人对网络支付安全性的怀疑，他们较少能够运用网络进行在线付款，在他们收到货物后可以将货款直接支付给自提点，由自提点提供代收货款服务。同时为了方便农产品销售，在农产品销售季节，农民通过网络发布农产品销售信息，可将售出的农产品统一存放到自提点，由运送商品下乡的车辆统一运送到城市，这样既解决了空车返程问题，又节约了物流成本。

2. 设立物流综合服务中心

根据农村各乡镇交通和经济情况，由多个物流公司在各乡镇交通便利地点共同建立物流综合服务中心，该服务中心负责各物流公司包裹的分类整理、集中发配、管理乡村派送员等工作。农民通过网络下单购买商品，由各物流公司将商品运送到各乡镇物流综合服务中心，该服务中心将各物流公司的包裹按村屯或辖区进行分类整理，统一发配。在各村雇佣熟悉当地情况的乡村派送员，由该派送员提供从物流综合服务中心到终端农户家的送货上门服务，以便真正解决“最后一公里问题”，将商品直接运送到农民手中。

但这种模式仅仅解决了工业品下乡的单向物流问题，而没有为农产品进城提供方便的渠道。由于该模式将物流综合服务中心建在乡镇，脱离大部分村屯的农产品生产地，无法直接实现双向流通的物流运作。

3. 与中国邮政合作配送模式

中国邮政已经在全国建立了农村物流综合服务体系，在农村建立网点 24 万多处，覆盖了全国 86% 的县市和 1/3 的行政村。中国邮政庞大健全的物流服务网络和多年的可靠服务，使其在我国农村地区得到了广泛的认可和信赖。

物流公司与中国邮政合作，利用中国邮政健全的农村服务节点和可靠服务，为农民提供类似邮寄信件的包裹送货上门服务。农民在网上下单购买商品，物流公司将商品运送到县、镇邮政服务站，由各邮政服务站邮递员负责从服务站到农户家的物流配送服务。同样，该种模式也没有解决农产品进城销售的物流渠道问题。

4. 淘宝、京东农村物流配送模式

淘宝通过建立县级运营中心、村级网点（农村淘宝合伙人）构筑了农村淘宝“县—村”两级农村电子商务服务体系。县级运营中心主要负责拓展村级服务站、商品中转分拨、电商培训等工作。村级网点或农村淘宝合伙人提供代买代卖、金融服务等。农民通过淘宝网下单购买商品，由快递公司运送到县级运营中心，再借助快递公司、客运班车和农村合伙人来完成终端配送。同时，淘宝村级服务站的代买代卖、淘宝特色中国地方馆、低门槛的创业模式，都为农产品上行提供了便利。

京东通过构筑“县级服务中心+京东帮服务店+乡村推广员”的模式来进入农村电商市场。京东县级服务中心由原有京东服务站进化而来，由京东自主经营。京东帮服务店采用合作运营模式，其定位是农村大家电的营销、配送、安装、维修一站式服务。京东通过乡村推广员实现村民代买服务。京东整个运作体系完全由自营物流完成。从农民在京东网上下单购买商品，商品从供应商到县级服务中心，再将其运送到农户手中均通过京东自营物流服务实现。在农产品上行方面，京东主要通过集采的方式，选择重点县域进行直接采购。

5. 随客运班车配送模式

我国农村客运体系发展较早、覆盖范围广，网络布局完善。物流公司通过与农村客运合作和改造客运班车储物仓，分离出专门的快递包裹存储区存放送往农村的物流公司包裹。运输班车到达农村后，村民按照客运班车时间表到指定的客运站点按时提取货物。由于客运班车每天都有，包裹基本能够实现当天送达，使包裹的运送效率大大提高，也降低了物流公司下乡配送的运输成本。但这种模式使物流公司一定程度上失去了对包裹的控制，可能在运输过程中存在包裹丢失和损坏等风险。同时此配送模式也没有考虑农产品上行运输问题。

1.5　中国农村电子商务精准扶贫概述

1.5.1　电子商务精准扶贫的定义

中国社会科学院信息化研究中心主任汪向东教授是较早研究电商扶贫的业界学者，他提出的电子商务精准扶贫的定义是："电子商务精准扶贫，就是将今天互联网时代日益主流化的电子商务纳入精准扶贫开发工作体系，作用于帮扶对象，创新精准扶贫开发方式，改进精准扶贫开发绩效的理念与实践。"

国务院扶贫办曲天军巡视员分管电商扶贫工作，他认为："电子商务精准扶贫，就是把'互联网+'纳入政府扶贫工作体系中。"通过一户带多户，一店带多村的精准扶贫带贫机制，对接城乡广域的大市场，注重农产品上行，促进商品流通，以此拉动贫困户就业增收，促进城乡经济社会协调发展，实现共赢。

1.5.2　中国农村电子商务精准扶贫的作用

近年来，电子商务在农村迅速崛起，通过网络平台覆盖农村的生产、销售、供应等各个环节，为农村提供信息、交易、结算、运输等全程电子商务服务。农村电商在发展中已逐渐形成了遍布县、镇、村的网络服务体系，有效破解了农村销售、消费、创业、产业集聚、城乡一体化等问题。2019 年 5 月 29 日，在中国电子商务大会上，商务部电子商务和信息化司司长对外发布了《中国电子商务报告(2018)》，报告显示，2018 年全国农村网络零售额达到 1.37 万亿元，同比增长 30.4%，全国快递服务企业业务量累计达到 507.1 亿件，同比增长 26.6%；电子商务从业人员达 4700 万人，同比增长 10.6%。全国农产品网络零售额达到 2305 亿元，同比增长 33.8%，农村电商迅猛发展。2018 年，电子商务进农村综合示范新增 238 个国家级贫困县，覆盖率达 88.6%。2019 年上半年全国农村网络零售额达 7771.3 亿元，同比增长 21.0%，增速高于全国 3.2 个百分点。电子商务在中国农村的精准扶贫过程中有着巨大的作用。

1. 促进解放思想，开拓创新

电子商务作为一种扶贫手段，已在中国农村的精准扶贫过程中落地生根，并开花结果。电子商务具有超时空、跨地域、低成本、扁平化、社会化、多样性、差异化、没有中间环节、高速发展、一瞬即逝、机不可失，时不再来等特性。这些特性和优势吸引了中国广大农民通过电商开网店、微店，对中国农村经济起到了巨大的作用。中国各级政府官员为了跟上形势，也纷纷学习电商，了解电商。电商的上述特性和巨大优势，更让中国各级官员意识到做好电商的紧迫性，并认为政府主导是做好电商的关键，从而再一次解放思想，开拓创新。

2. 扩大市场需求

目前，中国农村市场的商品种类、数量、时尚度等，还远远不能满足广大消费者的需求。电子商务中间环节很少，单位商品销售人工费用也较低，在商品价格上具有实体商店难以比拟的优势，电子商务的出现使得上述问题迎刃而解，消费者选择商品不再或较少受到空间、距离和店铺经营规模的限制，这为满足中国农村精准扶贫过程中的消费需求发挥了巨大作用。

目前，个性化、多样化、差异化消费渐成主流，但是消费者却难以购买到满足其个性化、多样化、差异化消费需求的商品。电子商务通过利用大数据、云计算等技术，具有强大的搜索功能，可为消费者提供同类型但不同品牌、不同价位、不同规格、不同花色的多种多样的产品。电子商务也能利用上述技术，海量分析消费者的消费行为，探寻研究消费者的消费心理，不仅可以确定每个消费者的消费轨迹，量身定制提供专属服务的方案和计划，更重要的是可以透过个体消费者，归纳出不同消费群体的消费趋势，预估未来的消费需求，然后再通过更强有力、更有针对性的促销方式进行引导，挖掘潜在的消费需求，培育和创造未来的消费需求。

3. 带动中国农村一二三产业融合发展

电子商务作为一种依托现代信息技术进行的新型商务活动，是推动中国农村一二三产业深度融合的重要引擎。电商可将果业现代化与电商结合，坚持规划科学化、经营规模化、生产现代化、管理精细化、人才专业化的产业发展理念，通过电商大数据，因地制宜地选择适合本地实际情况并能体现本地特色的好品种。在此基础上，发展家庭果园，推动“公司+基地+果农”“合作社+基地+果农”等原产地直供运作模式发展。依托电子商务，推进网络化制造和经营管理，加速研发设计、生产制造、业务重组等向全球体系演进，促进中国农村精准扶贫创新模式向高效共享和协同转变，推动定制化、高端化、智能化的中国农村精准扶贫转型升级道路。

电商可以“互联网+”思维整合中国农村现有资源，广泛搜集中国特色农产品，挖掘深层次的农产品历史文化内涵，将电商与科教、旅游、文化结合，提升农产品历史文化和档次品味。结合中国实际情况，建立特色种植园区、特色农产品初加工园和特色农产品观光园电商合作基地，将电子商务展示和营销与产业综合示范充分结合，统一策划包装、设计、营销，实施中国农产品品牌创建计划，共同打造中国生态农产品知名品牌。

4. 通过培养电商人才，提高农村人员素质

通过建立电子商务示范基地、举办电商扶贫论坛等方式，引导和带动电子商务企业入住中国农村精准扶贫基地，逐渐形成产业集聚和深度融合效应，同时吸引电商人才服务基地。通过为电子商务专业毕业生提供优惠的入职政策来促进中国电商人才的引入，从而为中国农村电子商务发展提供专业技术支持，实现电子商务促进中国农村精准扶贫的目标。

通过强化与高等院校之间的联合电商人才培养模式，促进中国农村物流、农业电子商务和人才培养的有机结合，以培养农业电商实用型人才。以“合作办学、合作育人、合作就业、合作发展”为主线，分层次、分类别地推进中国农村电商人才培养机制创新。中国农村企业可以通过邀请电子商务专家和电商技术人员对镇及村级领导干部进行电子商务知识培训，对农民进行电子商务基础知识普及，对网商进行网络经营和技术培训。另外，通过落实各职能部门和乡镇责任，明确责任主体，把发展壮大富民产业与健全农产品网货供应链、网店培育、技能培训等电商扶贫措施相结合，推进“产品网货供应平台建设”“网店提质增效”“特色产品培育”“农业贫困村智力扶贫培训”工作，积极创建集指导、培训、管理于一体的村级电商扶贫点，及时为农民解决问题。

5. 通过产销一体化市场双流通模式助推中国经济可持续快速发展

以电商平台、城乡物流配送体系、连锁商业网点为依托，通过线上线下融合发展，经过严格的实名认证、资质审核和服务验证，构建化肥、农药、种子、生活用品等工业品能下乡、农产品能上行的产销一体化市场双流通体系，

使贫困地区群众享受与城市居民相同的网购便利化，促进特色农产品销售，提升农产品的商品化、标准化、品牌化和整体发展水平，以产业发展带动脱贫工作。

该体系主要是通过电子商务，为优质农产品进入超市搭建平台，可通过农民和商家直接签订意向协议书，或通过当地政府向双方担保，农民和商家再签订意向协议书，由农民向超市、菜市场和便民店等商家直供农产品，同时从上述商家购买化肥、农药、种子、生活用品等工业品。

该体系将现代电子商务流通方式引向广阔的中国农村，将千家万户的农产品与千变万化的大市场对接起来，构建市场经济条件下的产销一体化链条，市场需要什么，农民就生产什么，既可避免生产的盲目性，稳定产品销售渠道和价格，又可减少流通环节，降低流通成本，给消费者带来实惠，实现政府、商家、农民和消费者四方共赢。另外，若农业基地距离城市较近，则可采取具有“互动、体验、信任”三位一体特性的基地+互联网+社区的O2O社区电商新模式，以便消费者获得更快捷、便利、高效的服务。

6. 倒逼中国农村物流业优化升级

通过电商线上线下相结合的方式，协同合作，将集货、分货、仓储、运输、包装、咨询等服务功能结合起来，可倒逼农村物流业优化升级，在配送数量与配送质量等方面建立起可靠的保障，为客户提供差异化的配送服务，缩短销售与生产的距离，实现配送快速响应，形成多层次农村物流配送网络，进而实现城际配送网、城市配送网和城乡配送网“三网”融合，扩大中国农村精准扶贫物流的有效供给面，打通中国农村精准扶贫物流的“最后一公里”。可在农业种植区实施“互联网+农产品”示范工程，与邮政网点相结合，实现下行物流到田园，上行物流到城市的目标，从而无缝对接城乡物流配送体系，实现中国农村精准扶贫目标。

可根据在互联网上传播的中国农村物流电商信息，分析农村物流电商信息在网络上传播的特征，影响农村物流电商信息传播速度、传播范围的因素及其作用机理。依托中国农村精准扶贫“物流+电商”一体化、“农业互联网+高效物流”“农业互联网+物流+电商快递”深度融合发展等新模式，全过程、全环节、全方位加大中国农村物流电商供给侧改革，加快中国农村精准扶贫提质增效创新实践，建立中国农村精准扶贫跨境电子商务产业链新模式，最终构建立足各省、服务全国、连接全球的农业物流电商一体化中国农村精准扶贫产业集群，促进中国农村精准扶贫和可持续发展。

第2章　中国农村电子商务精准扶贫现状研究

2.1　中国扶贫现状分析

2013年11月，习近平总书记提出扶贫要实事求是、因地制宜，要精准扶贫。2015年6月习近平总书记到贵州省考察时系统阐述了精准扶贫，并提出“四个切实”“六个精准”“五个一批”等重要论述，为精准扶贫、精准脱贫指明了方向。在2015年的中央扶贫开发工作会议上习近平总书记强调消除贫困、改善民生、逐步实现共同富裕，是社会主义的本质要求，是我们党的重要使命。全面建成小康社会，是我们对全国人民的庄严承诺。

同年10月在2015减贫与发展高层论坛上习近平总书记讲到“消除贫困是人类的共同使命，是当今世界面临的最大全球性挑战”，并在主旨演讲中明确提出了中国政府到2020年的减贫目标：未来5年，我们将使中国现有标准下7000多万贫困人口全部脱贫。党的十八大以来，以习近平同志为核心的党中央把扶贫开发纳入“四个全面”战略布局，并做出了一系列部署。在农村贫困户的帮扶问题上不仅只是经济帮助更要技术帮助，使其长久发展，李克强总理在政府工作报告中提出了“互联网+”的行动计划。同年9月，在夏季达沃斯论坛上，李克强总理提出了“大众创新”“万众创业”的口号。这为农村电子商务的发展与进步提供了更好的平台，同时也为促进我国农村贫困地区的经济发展提供了新思想。

国务院扶贫办的数据显示，自1978年末至2017年末，中国贫困人口数量从7.7亿人，下降至3046万人，累计减贫7.4亿人，贫困发生率从97.5%下降至3.1%。按现行贫困标准，2013—2017年中国农村减贫人数分别为1650万、1232万、1442万、1240万、1289万人，打破了以往新标准实施后脱贫人数逐年递减的格局。5年来，农村累计减贫6853万人，减贫幅度近70%，贫困发生率从2012年末的10.2%下降至2017年末的3.1%，其中17个省份贫困发生率已下降至3%以下。这样的扶贫成果令人瞩目，是扶贫进程中坚实的一步。2015—2016 年农村贫困人口占乡村总人口的比重见图 2-1。2010—2015 年我国农村贫困人口情况见图 2-2。

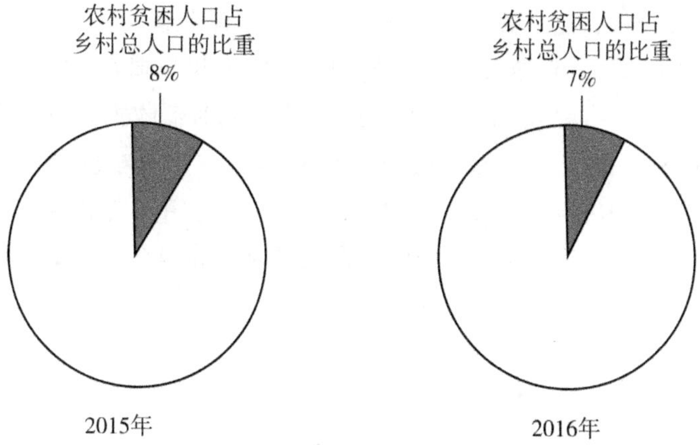

图 2-1　2015—2016 年农村贫困人口占乡村总人口的比重

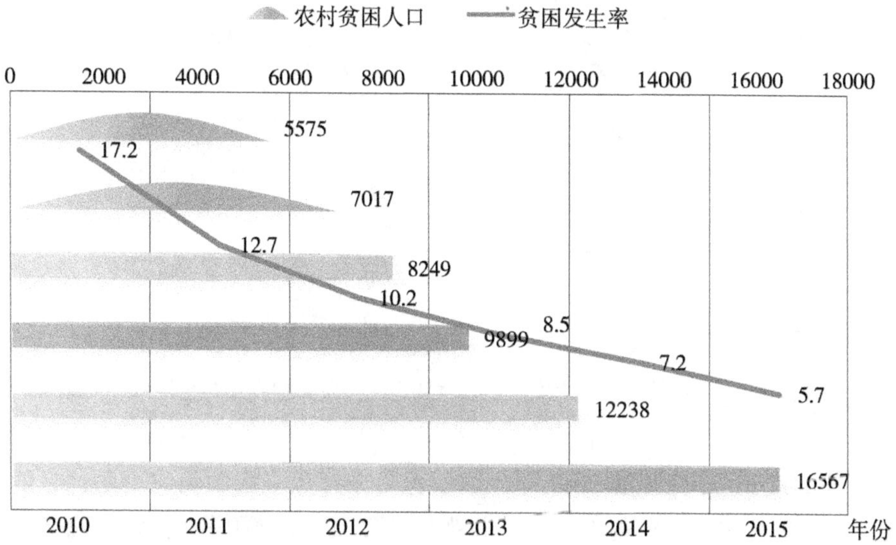

图 2-2　2010—2015 年我国农村贫困人口情况(万人/%)

在 2016 年的两会上，脱贫问题被反复提出，扶贫工作成为“十三五”时期我国的重要工作，习近平总书记一再强调找到“穷根”、精准扶贫，才能真正取得脱贫攻坚战的胜利。

在“十三五”期间的工作安排中习近平总书记强调为了全面建成小康社会，得到国际社会的认可，我们在宣布全面建成小康社会时也要对生活水平处于扶贫标准线以下的几千万人进行帮扶。

在我国政府的高度重视下，精准扶贫工作在有序地进行中，并且取得了瞩目的成果，《中国统计年鉴 2016》的数据显示 2015 年我国农村贫困人口总数为 5575 万人，经过一年的努力下降到 4335 万人，同时低收入人群年人均可支配收入也由 2015 年的 5221. 2 元，增长到 5958. 4 元，增长幅度达到 14%，实现了巨大的跨越。2016 年平均每百户农村居民主要耐用消费品拥有量与全国水平对比见图 2-3。2013—2016 年农村低收入户与中等偏下户人均可支配收入见图 2-4。

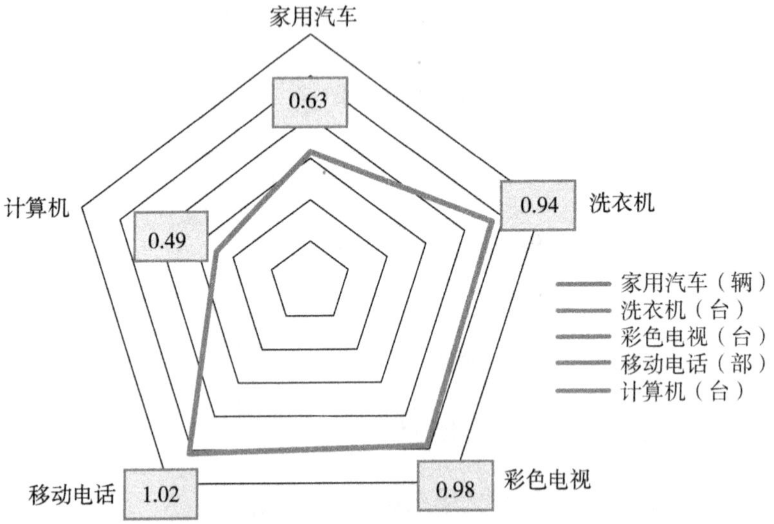

图 2-3　2016 年平均每百户农村居民主要耐用消费品拥有量与全国水平对比

国务院总理李克强在 2017 年的政府报告中指出，我国建设小康社会的重要一环就是贫困地区和贫困人口，并强调假脱贫、“被脱贫”、数字脱贫等行为要坚决杜绝，脱贫工作要被群众认可，要经得起历史检验。

2017 年政府更加重视扶贫工作，加大了扶贫专项资金的拨付。据财政部初步统计，2017 年中央和地方财政专项扶贫资金规模超过 1400 亿元。其中，中央财政安排补助地方专项扶贫资金 860. 95 亿元，比上年增加 200 亿元；有

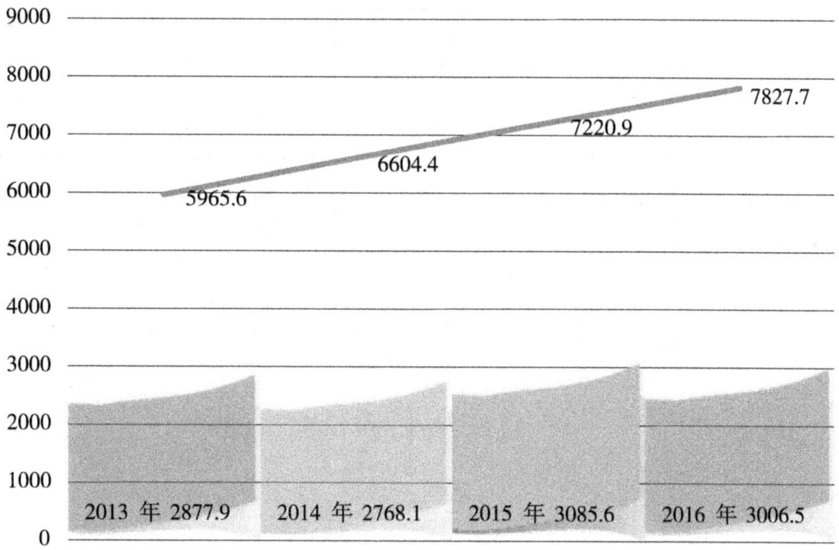

图 2-4 2013—2016 年农村低收入户与中等偏下户人均可支配收入(元)

扶贫任务的 28 个省份省级财政专项扶贫资金规模约为 540 亿元。扶贫方式不断创新，在 428 个贫困县开展电商扶贫试点，261 个扶贫县被列为电子商务进农村综合示范县。随着扶贫工作的不断开展，扶贫效果也是显而易见。根据中国国家统计局 2018 年 2 月 1 日发布的消息，基于对中国内地 31 个省区市的 16 万户居民家庭的抽样调查，按现行国家农村贫困标准测算，2017 年末，中国农村贫困人口 3046 万人，比上年末减少 1289 万人；贫困发生率 3.1%，比上年末下降 1.4 个百分点。2017 年农村居民可支配收入来源见图 2-5，2015—2017 年中国部分省份农村贫困人口数见图 2-6。

2017 年农村贫困地区居民的居住条件得到改善，在房屋质量方面，贫困地区农村居民户均住房面积较 2012 年增加 21.4 平方米，58.1%的村民住上了由钢筋混凝土或砖混材料建成的住房，是 2012 年的 118.9%；在饮用水质量方面，89.2%的农户村内饮水无困难，这一数据较 2013 年提高了 8.2%，70.1%的农户可以享受管道供水，比 2013 年提高了 16.5%，43.7%的农户使用净化处理后的自来水，这一数据较 2013 年提高了 13.1%；在居住条件方面，2017 年 94.5%的贫困地区农户拥有独用厕所，比 2012 年提高了 3.5%，33.2%的贫

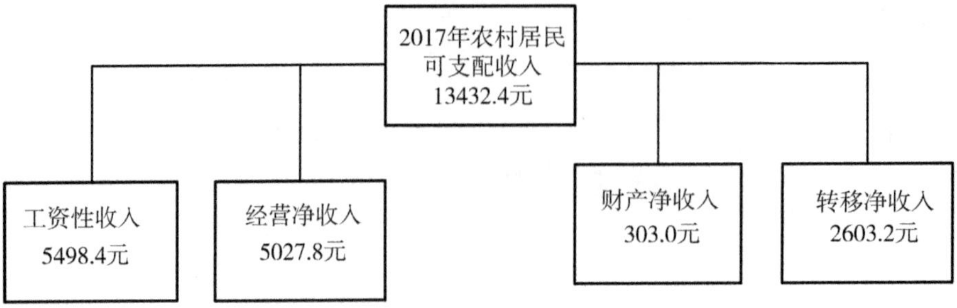

图 2-5　2017 年农村居民可支配收入来源

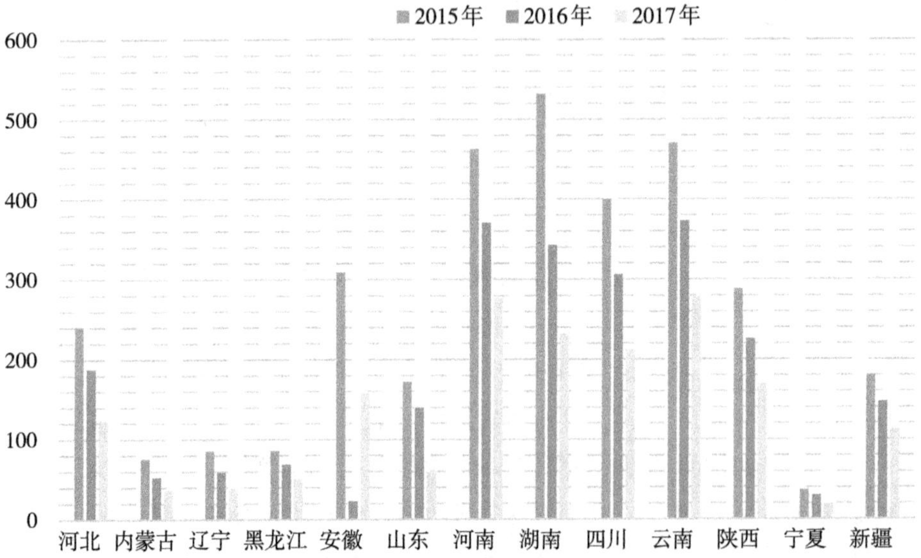

图 2-6　2015—2017 年中国部分省份农村贫困人口数(万人)

困地区农户可以使用卫生厕所，是 2012 年的 107. 5%；35. 3%的贫困地区农户已经使用清洁能源，是 2012 年的 17. 6。贫困地区居住条件见图 2-7。

贫困地区农村居民家庭耐用消费品升级换代：从传统耐用消费品看，2017 年贫困地区农村每百户拥有电冰箱、洗衣机、彩电分别为 78. 9 台、83. 5 台和 108. 9 台，分别比 2012 年增加 31. 4 台、31. 2 台和 10. 6 台，拥有量持续增加，和全国农村平均水平的差距逐渐缩小；从现代耐用消费品看，2017 年贫困地区农村每百户汽车、计算机拥有量分别为 13. 1 辆、16. 8 台，分别是 2012 年

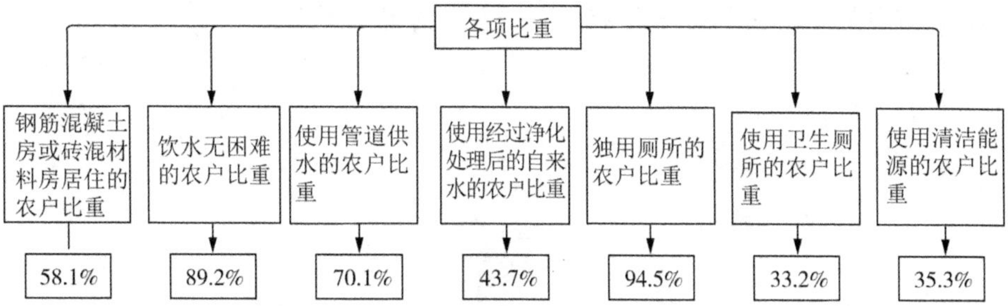

图 2-7 贫困地区居住条件

的 4.9 倍和 3.1 倍，实现了快速增长。2017 年贫困地区农村每百户拥有耐用消费品数量见表 2-1。①

表 2-1 **2017 年贫困地区农村每百户拥有耐用消费品数量**

传统耐用消费品		现代耐用消费品	
传统耐用消费品种类	贫困地区农村每百户拥有传统耐用消费品数量	现代耐用消费品种类	贫困地区农村每百户拥有现代耐用消费品数量
电冰箱	78.9 台	汽车	13.1 辆
洗衣机	83.5 台	计算机	16.8 台
彩电	108.9 台		

依据 2019 年国家统计局的数据，按现行国家农村贫困标准测算，2013—2016 年，我国 6000 多万人实现脱贫，2016 年贫困发生率 4.5%，较 2012 年降低了 5.7%。

依据历年《中国统计年鉴》的数据，2017 年末，全国农村贫困人口 3046 万人，较 2016 年减少 1289 万人。2018 年全国农村贫困人口数量继续大幅减少，同时贫困发生率也显著下降，全国农村贫困人口 1660 万人，较 2017 年减少 1386 万人；贫困发生率 1.7%，比上年下降 1.4 个百分点。我国贫困地区农村

① 国家统计局网站，http：//www.stats.gov.cn/ztjc/ztfx/ggkf40n/index.html.

居民收入增长快于全国农村收入增长的平均水平，使打赢脱贫攻坚战三年行动实现良好开局。2016—2018 年农村贫困人口情况见图 2-8。

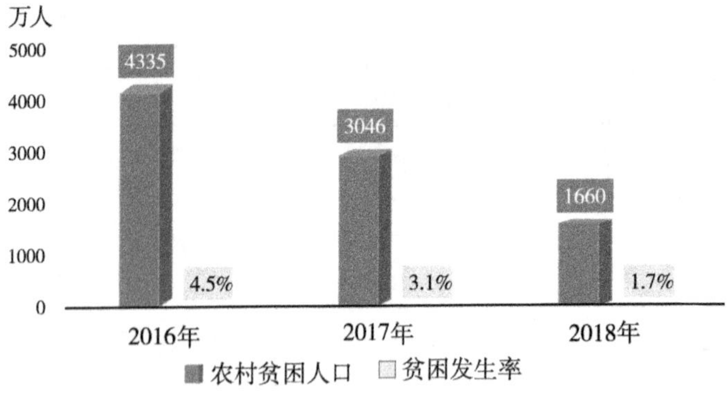

图 2-8　2016—2018 年农村贫困人口情况

国家统计局公布的最新数据显示，2018 年东、中、西部地区农村贫困人口全面减少。东部地区包括北京、天津、河北、辽宁、上海、江苏、浙江、福建、山东、广东和海南等 11 个省(市)，东部地区农村贫困人口 147 万人，比上年减少 153 万人；中部地区有 8 个省级行政区，分别是山西、吉林、黑龙江、安徽、江西、河南、湖北、湖南，2018 年中部地区农村贫困人口 597 万人，比上年减少 515 万人；西部地区包括 12 个省级行政区，分别是四川、重庆、贵州、云南、西藏、陕西、甘肃、青海、宁夏、新疆、广西、内蒙古，2018 年西部地区农村贫困人口 916 万人，比上年减少 718 万人。

从我国东部地区、中部地区以及西部地区的农村贫困人口数据中不难看出西部地区仍旧是我国农村扶贫工作的重中之重，2016 年我国 4492 万农村贫困人口中有 54. 67%即 2456 万分布于我国的西部地区，并且东西部贫困人口差距过大。东部地区农村贫困人口 442 万，仅占全国农村贫困人口总数的 9. 8%，中部地区的贫困情况介于东部地区与西部地区之间，约占全国农村贫困人口总数的 1/3。同样在 2017 年的 3022 万农村贫困人口中有 54. 07%的贫困人口来自我国西部地区，而东部地区仅占 8. 14%，中部地区作为东西部的交接地区，农村贫困人口占比介于两者之间，约占全国贫困人口总数的 1/3。2016—2018 年分地区农村贫困人口数及其占比见表 2-2。

表 2-2 **2016—2018 年分地区农村贫困人口数及其占比**

地区	农村贫困人口数（万人）	各地区农村贫困人口数占比（%）	农村贫困人口数（万人）	各地区农村贫困人口数占比（%）	农村贫困人口数（万人）	各地区农村贫困人口数占比（%）
	2016 年		2017 年		2018 年	
西部地区	2456	54.67%	1634	54.07%		
中部地区	1594	35.49%	1142	37.79%		
东部地区	442	9.8%	246	8.14%		
合计	4492	100%	3022	100%		

西部地区是我国扶贫工作的重点，从表 2-3 中的统计数据可以看出，我国西部地区各个省份的农村贫困人口存在较大差距。举例来说，在 2016 年，贵州以 17.87%的西部地区农村贫困人口占比成为西部地区农村贫困人口最多的省份，与宁夏 1.33%的西部地区农村贫困人口占比形成鲜明对比，2017 年贵州依旧以 18.05%的西部地区农村贫困人口占比成为西部地区农村贫困人口最多的省份，与宁夏 1.16%的西部地区农村贫困人口占比差距较大。我国西部地区的不同省份农村之间存在较大差异，在扶贫政策制定与资金投入上，应充分考虑省份之间如何协调的问题。

2018 年全国各省农村贫困发生率普遍下降至 6%以下。其中，农村贫困发生率降至 3%及以下的省份有 23 个，包括北京、天津、河北、内蒙古、辽宁、吉林、黑龙江、上海、江苏、浙江、安徽、福建、江西、山东、河南、湖北、湖南、广东、海南、重庆、四川、青海、宁夏。

2018 年，我国贫困地区农村居民人均可支配收入 10371 元，比 2017 年的 9377 元高出 994 元，名义增长 10.6%，去掉价格因素，2018 年贫困地区农村居民人均可支配收入实际增长 8.3%，高于全国农村地区的平均水平，圆满完成增长幅度高于全国增速的年度目标任务。2018 年深度贫困农村地区人均可支配收入 9668 元，较 2017 年增加 935 元，名义增长 10.7%，增速高于贫困地区增速 0.1 个百分点，

“三区三州”即西藏、四省藏区、南疆四地州和四川凉山州、云南怒江州、甘肃临夏州。“三区三州”占据我国约 1/3 的面积，但其大部分位于青藏高原，由于气候、地形等原因，长期受贫困的影响，贫困程度深、范围广。

表 2-3　**2016—2018 年西部地区农村贫困人口数及其占比**

省份	2016 年农村贫困人口数（万人）	农村贫困人口数占比	排序	2017 年农村贫困人口数（万人）	农村贫困人口数占比	排序	2018 年农村贫困人口数（万人）	农村贫困人口数占比	排序
四川	306	13.60%	4	212	13.97%	4	98	10.69%	6
重庆	45	2.00%	9	21	1.29%	10	13	1.42%	10
贵州	402	17.87%	1	295	18.05%	1	173	18.87%	2
云南	373	16.58%	2	279	17.07%	2	179	21.48%	1
西藏	34	1.51%	10	20	1.22%	11	13	1.42%	11
陕西	226	10.01%	6	169	10.34%	6	83	9.05%	7
甘肃	262	11.64%	5	200	12.24%	5	121	13.19%	5
青海	31	1.38%	11	23	1.41%	9	10	1.09%	12
宁夏	30	1.33%	12	19	1.16%	12	9	0.98%	13
新疆	147	6.53%	7	113	6.92%	7	64	6.98%	8
广西	341	15.16%	3	246	15.06%	3	140	15.27%	3
内蒙古	53	2.36%	8	37	2.26%	8	14	1.53%	9
合计	2250	100%		1634	100%		917	100%	

“三区三州”作为国家扶贫重点地区，政府不断给予政策倾斜、资金扶持等，以加快这一地区的社会建设。2017 年中办、国办印发《关于支持深度贫困地区脱贫攻坚的实施意见》，安排“三区三州”地区的脱贫工作，其中包括大力促进旅游业发展。

2018 年 1 月“三区三州”举行旅游扶贫对接活动，2 月文化和旅游部与国务院扶贫办针对“三区三州”的旅游业发展在甘肃临夏州举行“三区三州”旅游大环线推介活动，推广“三区三州”自身的旅游资源、文化资源。

“三区三州”的旅游环线共计约 1.1 万公里，其路径围绕青藏高原区展开，主要公路有 G30、G314、G3012 等，旅游环线充分联系“三区三州”范围内的自然、人文景观，连通丝绸之路、茶马古道、唐蕃古道等历史遗迹，包括新藏公路、珠穆朗玛峰、三江并流等高海拔地区旅行的极限体验和多元民族历史文化线路，力求打造主题鲜明，广为人知，认可度高的特色旅游品牌。“三区三州”旅游大环线见图 2-9。

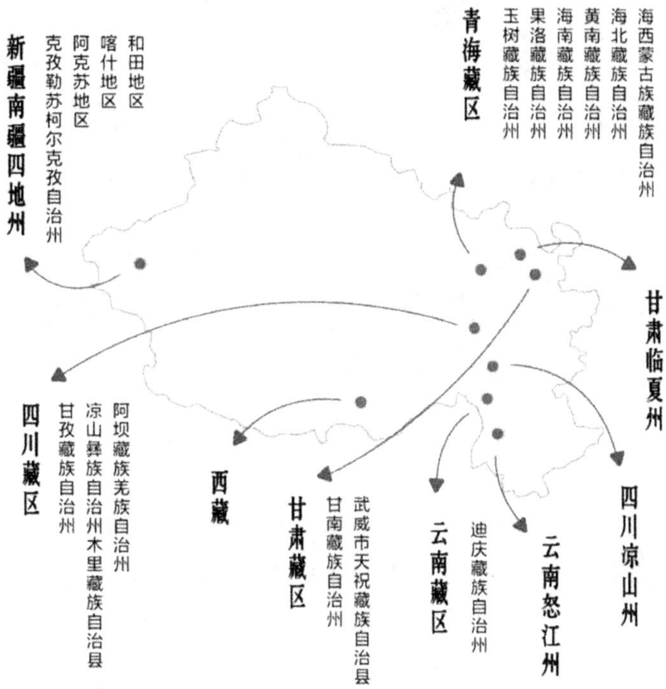

图 2-9　“三区三州”旅游大环线

“三区三州”的旅游环线共有 4 条支线线路、6 条主题线路和 56 条徒步旅游线路。4 条支线线路，即北段—西段的丝路文化经典线、南段的边境极限体验线、东南段的滇藏茶马古道寻踪线、东段的大香格里拉人间乐土线；6 条主题线路，即丝路风沙沙漠探险线、青藏天路风情体验线、唐蕃古道民族文化线、大漠高原秘境线、川藏大北线、318 中国景观大道川藏线；56 条徒步旅游线路，包括西藏 10 条、青海 6 条、川西 10 条、甘肃 6 条、云南 14 条、新疆 10 条。

针对“三区三州”的贫困情况，阿里巴巴集团也加入扶贫工作中。阿里巴巴集团迅速建立了自己的脱贫团队，把电商扶贫的政策落到实处，让人烟稀少的高原地区也可以得到电商扶贫的帮助。阿里巴巴经济体兴农扶贫集群见图 2-10。

图 2-10　阿里巴巴经济体兴农扶贫集群

“亩产一千美金”是阿里巴巴对“三区三州”的扶贫项目，2018 年该项目首先在云南实施，逐渐开办 26 个兴农扶贫品牌站，政企合作，共同寻找县域特色农产品，并帮助农户制定标准种植流程。9 月 5 日到 10 日，阿里巴巴利用自身线上销售平台，帮售云南地区元阳红米、文山三七、普洱茶等 26 个县的 92 款农产品卖出大山，共计收入近 1100 万元，帮扶到 760 户建档立卡贫困户。

依据阿里巴巴公布的《“三区三州”电商发展报告(2018)》数据，阿里巴巴共帮扶“三区三州”的 209 个区县(含县级市)建立电商经济，帮助 53 个区县实现网络销售额(GMV)翻番增长。同时 2018 年“三区三州”农村居民人均可支配收入到达 9796 元，较 2017 年增长 938 元，增长率 10.6%，增速与全国贫困地区增速持平。2018 年“三区三州”的 GMV 中，本地农产品占比较大，占到了 38.3%。“三区三州”二、三产业落后，又多处于我国边境，大力发展本地特色农产品是这一地区扶贫的主要出路。2018 年 GMV 增速十强区县见图 2-11。2018 年“三区三州”十强网店见表 2-4。

根据《中国农村扶贫开发纲要(2011—2020 年)》精神，按照“集中连片、突出重点、全国统筹、区划完整”的原则，我国扶贫工作还重点关注了革命老区、民族地区以及边疆地区。

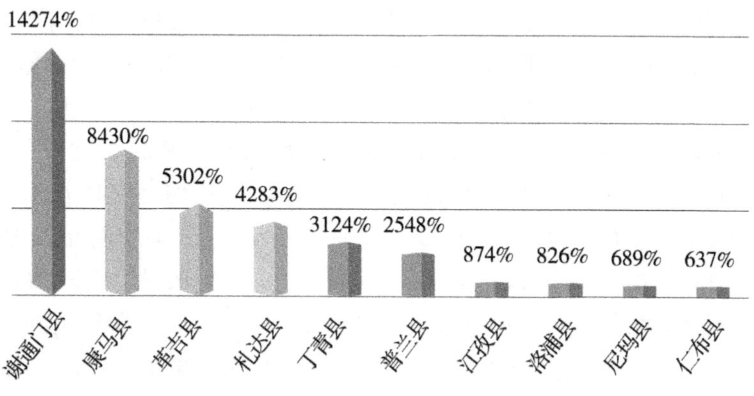

图 2-11 2018 年"GMV"增速十强区县

表 2-4 **2018 年"三区三洲"十强网店**

排名	主营产品	注册地或发货地	平台
1	和田玉	新疆和田地区和田市	淘宝
2	宠物用品	四川凉山州德昌县	天猫
3	牦牛肉干	西藏拉萨市	天猫
4	和田玉	新疆和田地区和田市	淘宝
5	藏红花	西藏拉萨市	天猫
6	凉山南红玛瑙	四川凉山州西昌市	淘宝
7	那曲冬虫夏草	西藏拉萨市	天猫
8	羊脂玉	新疆和田地区和田市	淘宝
9	那曲冬虫夏草	西藏拉萨市	天猫
10	布达拉宫门票	西藏拉萨市	飞猪

党的十八大以来，我国重点关注贫困地区，采取精准扶贫措施，持续加大了对贫困地区的帮扶力度，使得农村贫困地区的居民人均收入不断增长，贫困地区的人均收入逐渐接近全国农村的平均水平，人民生活水平得以不断提高。国家统计局全国农村贫困监测调查显示，2018 年集中连片特困地区农村居民人均可支配收入 10260 元，较 2017 年增加 996 元，名义增长 10.7%，高于全国农村居民收入增长速度 1.9 个百分点。2018 年 14 个集中连片特困地区农村

居民人均可支配收入增速均快于全国农村居民人均可支配收入增速，其中 8 个集中连片特困地区农村居民人均可支配收入增速快于 2017 年的水平，这 8 个集中连片特困地区分别是四省藏区、燕山—太行山区、大兴安岭南麓山区、六盘山区、大别山区、吕梁山区、武陵山区、乌蒙山区。

农村贫困地区居民收入增加的主要原因是工资性和转移性收入的提高。2013—2018 年，贫困地区农村居民人均可支配收入年均名义增长 12. 1%，扣除价格因素，年均实际增长 10. 0%，这一增速高于全国农村地区平均增速 2. 3%。2018 年我国贫困地区农村居民人均可支配收入，较 2012 年增加 8. 9%，是全国农村人均可支配收入的 71. 0%，这标志着我国贫困地区农村居民人均可支配收入与全国农村平均水平的差距进一步缩小。2018 年部分省份贫困地区农村居民人均可支配收入情况见图 2-12。

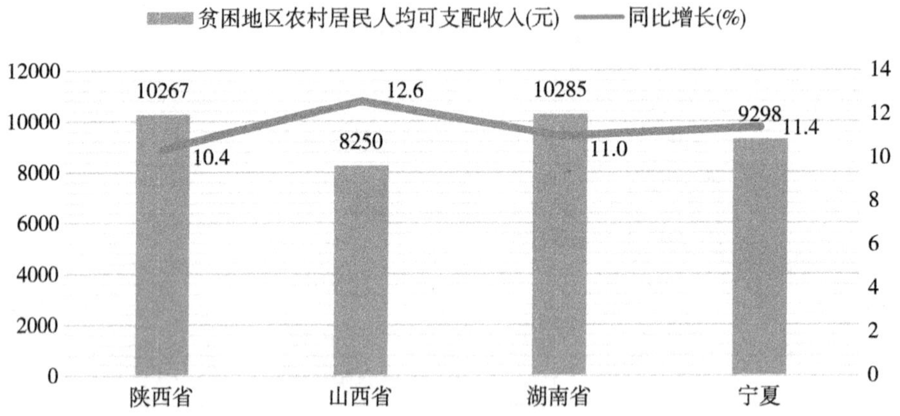

图 2-12　2018 年部分省份贫困地区农村居民人均可支配收入情况

2.2　中国农村电子商务扶贫现状

商务部研究院日前发布的《2019 中国电商兴农发展报告》显示，近年来农村电商高速增长，2018 年我国农村地区电商进入高速发展阶段，网络零售总额 1. 37 万亿元，同比增长 30. 4%。在各大电商平台的推动下，2019 年我国农产品网络零售额不断增长，2019 年仅上半年即实现 1873. 6 亿元的网络销售额，增长速度达到 25. 3%，高于全国网上零售额增速 7. 5 个百分点。

我国农村地区是电商发展的肥沃土壤，如今，电商扶贫已经成为我国农村地区脱贫攻坚的有力方式，29 家单位共同组成中国电商扶贫联盟，针对 351 个贫困县重点帮扶，以加快我国贫困地区农产品质量的提升、品牌的树立与"三品一标"认证。

农村地区线上销售火爆只是 2018 年我国线上销售的特点之一。据前瞻产业研究院发布的《中国零售行业市场前瞻与投资战略规划分析报告》中的统计数据，2018 年全国线上零售额突破 9 万亿元，其中实物商品占比较大，有 7 万亿元的销售额，同比增长 25.4%，这一金额对我国 2018 年社会消费品零售额增长做出的贡献达到 45.2%，比去年提升 7.3%。2017 年至 2018 年 7 月我国网络零售额与实物商品网络零售额的基本情况见表 2-5。

表 2-5　2017 年至 2018 年 7 月我国网络零售额与实物商品网络零售额的基本情况

时间	网络零售额（亿元）	同比增长（%）	实物商品网络零售额(亿元)	同比增长（%）
2017 年 1—7 月	36617	33.7%	27820	28.9%
1—8 月	42511	34.3%	32101	29.2%
1—9 月	48787	34.2%	36826	29.1%
1—10 月	55350	34.0%	41782	28.8%
1—11 月	64306	32.4%	49144	27.6%
1—12 月	71751	32.2%	54806	28.0%
2018 年 1—2 月	12271	37.3%	9073	35.6%
1—3 月	19318	35.4%	14564	34.4%
1—4 月	25792	32.4%	19495	31.2%
1—5 月	32691	30.7%	24819	30.0%
1—6 月	40810	30.1%	31277	29.8%
1—7 月	47863	29.3%	36461	29.1%

随着我国信息行业的发展与信息技术的提高，尤其是国家持续助力农村地区信息化建设，我国农村地区的网络覆盖面积与使用频率越来越高，线上购物用户逐渐增多，网络零售总额增速已经超过社会商品零售总额的增速。2018 年前 7 个月网络零售额同比增长速度高达 29.3%，我国已经逐步形成了线上线下共同发展的零售新格局。2017—2018 年中国网络零售额与社会消费品零售

总额增速见图 2-13。

图 2-13　2017—2018 年中国网络零售额与社会消费品零售总额增速

我国线上零售行业还具有以下特征：品质持续提升、消费升级不断深化等。商务大数据监测显示近年来智能产品颇受消费者青睐，其中包括智能音像、智能手表等，这些智能产品同比增长超过 80%。

根据商务部、中商产业研究院的数据，2018 年，社交电商快速成长，成为电商行业的“生力军”，目前全国有 1.7 亿人活跃在社交电商。微信小程序共有用户约 6 亿人，其平均每日活跃用户数量从 2017 年底的 1.7 亿增长到 2018 年的 2.3 亿人。2018 年线上餐饮行业覆盖范围扩大，其规模同比增长超过 45%，“丝路电商”逐渐深化合作，我国与丝路沿线国家的跨境电商交易额同比增速均超过 100%。

据前瞻产业研究院发布的《中国快递行业市场前瞻与投资战略规划分析报告》中的统计数据，2018 年 11 月全国快递服务企业业务量完成 58.6 亿件，同比增长 24.4%；业务收入完成 648.3 亿元，同比增长 14.6%。累计方面，2018 年 1—11 月全国快递服务企业业务量累计完成 452.9 亿件，同比增长 26.3%；业务收入累计完成 5428.8 亿元，同比增长 22.3%。2018 年 1—6 月全国快递业务量最多的城市为广州，业务量达 22.12 亿件。2018 年 1—6 月全国快递业务量前 10 名城市的具体排名见表 2-6。

表 2-6 **2018 年 1—6 月全国快递业务量前 10 名城市**

排名	城市	快递业务量累计(万件)
1	广州	221160.5
2	上海市	160436.6
3	金华(义乌)市	145127.5
4	深圳市	142603.1
5	杭州市	111017.3
6	北京市	103614.6
7	东莞市	59958.1
8	苏州市	54425.0
9	成都市	45213.3
10	泉州市	43049.5

第3章　中国农村电子商务精准扶贫模式研究

3.1　陕西电商精准扶贫模式研究

陕西省地处中原，全省有 10 个地级市，每个地区都有其独特的农产品，具有代表性的农产品有洛川的苹果，富平的柿子，眉县的猕猴桃等，它们在全国乃至世界都具有很高的知名度。陕西省各地区农产品分布见图 3-1。

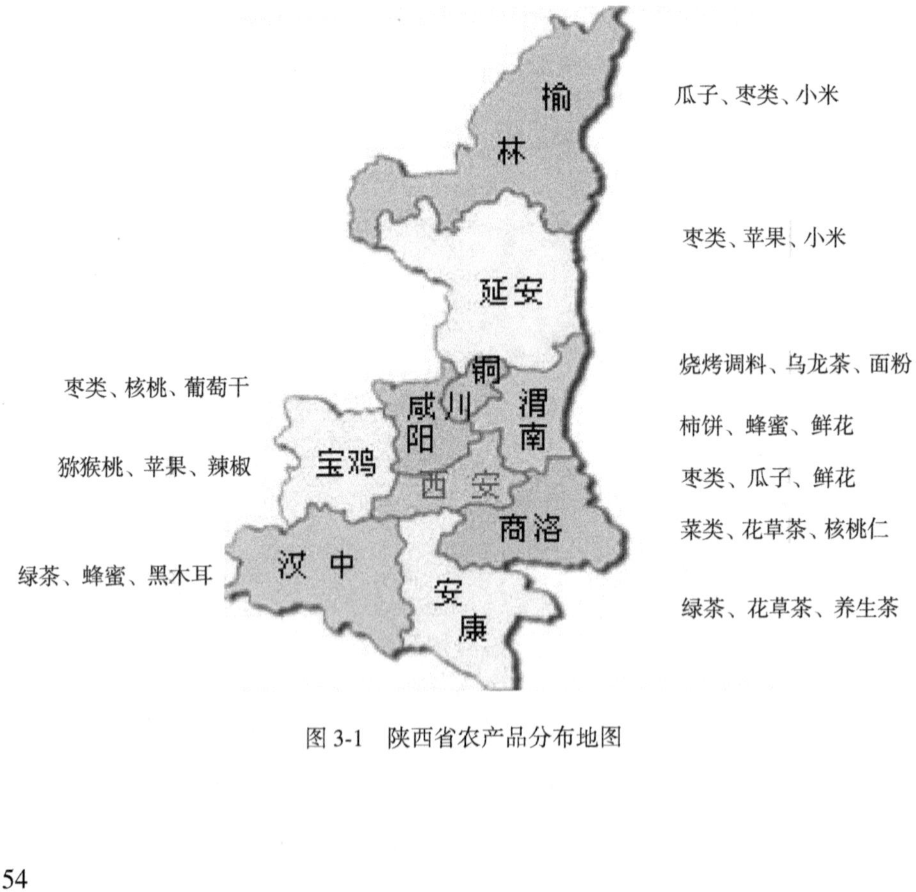

图 3-1　陕西省农产品分布地图

3.1.1 陕西武功模式

1. 武功模式的基本情况

武功隶属于陕西省咸阳市，位于关中平原腹地，东接兴平市，南临渭水与西安市周至县相望，西靠杨凌农业高新技术产业示范区、宝鸡市扶风县，北和乾县接壤。全县共有 8 镇 4 乡，262 个自治村，6 个社区居委会，43. 1 万人，其中农业人口 35. 3 万人。全县总面积 397. 8 平方公里，其中耕地 42. 5 万亩，人均 1. 1 亩，是陕西省人均土地面积较少、人口密度较高的县区之一。武功距西安市 87 千米、咸阳市 50 千米，县域面积 397. 8 平方千米，地势平坦开阔，地理位置十分优越，是关中地区重要的交通枢纽和物资集散地。

武功利用便捷的交通和开阔的地势优势，以打造"中华农都电商新城"为发展目标，确定了电子商务"买西北、卖全国"的战略规划，建立了全国电商网络中重要的物流、仓储节点，提出了"立足武功、联动陕西、辐射西北、面向丝绸之路经济带"的思路，通过区位优势辐射西北，连接全国。武功成为"西货东进的集散地"，形成了具有武功特色的"买西北、卖全国"的集散地+电子商务发展模式。有关统计数据表明，武功农产品电商销售规模目前位居全国县域第二，稳坐西北电商第一县"交椅"。经过短短几年的发展，武功县已成为西北农村电子商务人才培训地、西北农产品电商企业聚集地、西部农副产品物流集散地。武功县目前已经成为陕西省电商示范县，先后吸引了西域美农、赶集网等电商企业入驻发展。

武功县在征集当地特色农产品的基础上，整合陕西渭北苹果、核桃，陕北红枣、杂粮，陕南茶叶、菌类，关中肉奶类、面食类，以及新疆瓜果、干果类等 30 多类 300 多种特色农产品，为武功电商企业网上销售提供了源源不断的货源。武功县还聘请浙江大学中国品牌中心等机构，精心策划包装设计了武功猕猴桃等区域公用品牌，提升了武功电商品牌美誉度。

武功县实现了"网货下乡"和"农产品进城"双向流通功能，实施了"农村淘宝"项目，建成"村淘"村级服务站 40 个、"京东"村级服务站 200 余家，实现了群众购物、销售、生活、金融、创业"五个不出村"。武功"买西北、卖全国"的电商模式，被评为全国县域电商八大模式之一。

武功县近年来农产品电商销售额见图 3-2。

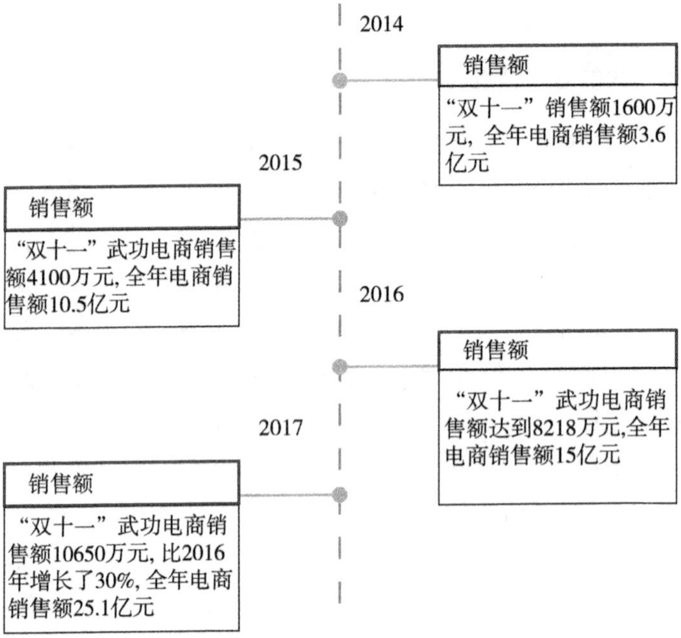

图 3-2　武功县农产品电商销售额

2. 武功模式的主要做法

(1)引进电商企业。武功电商从无到有，从小到大，从孵化中心到孵化基地，从小卖部到智慧乡村、农村淘宝，从一个电商企业到电子商务产业园区。武功电商先后引进陕西美农、西北商盟、陕西新丝路等 168 家电商企业和 40 余家快递公司，成功争取淘宝大学陕西分校落户武功，发展个体网店 900 余家，全县电商日发货 5 万单，日交易额 400 余万元，电商行业从业人数 1 万余人，带动就业 2. 5 万人，电商帮助农民人均增加收入 275 元。

(2)通过园区来提升产业聚集水平。建立特色农产品园区，对农产品进行加工、仓储和销售，使园区不但成为聚集产业的载体，同时也成为农产品电商货物的集散地。

(3)提升产品品牌。经过策划包装，聘请知名电商专家，提升了武功电子商务产品品牌。通过庞大的电子商务团队进行“线上”交易，打造若干个“丝绸之路淘宝赶集小城”和“智慧乡村”，着力构建覆盖城乡、辐射全国的电商经营网络。

(4)突出本地特色。武功以园区为载体，有50多种特色产品上线销售，带动全省乃至西北地区30多类400多种特色农产品在淘宝、京东、阿里巴巴等平台交易。线上线下销售供不应求，有效缓解了困扰农民“好东西卖不上好价格”的难题，实现了农产品优质优价。

(5)特色政策支持。武功积极推进“互联网+农业”，搭建好服务平台，加大政策扶持力度，设立电子商务产业奖励基金，制定具体的鼓励和支持电子商务发展的办法，并注重当地电商人才培养。

3. 武功模式的启发

要想使农产品电子商务发展壮大，必须学习武功模式的四个特点，即开放思维、开阔视野、深远目标及响亮口号。

首先是思维更开放。一般的县域电商主要着眼于“卖”，即怎么把本地的好产品卖出去；但武功同时提出了“买”。卖是经济，买同样是经济。如果只局限于将武功不足400平方公里县域土地上的农产品卖出去，那么电商规模注定是有限的。一买一卖才更像完整的经济，也有更大的发展空间，这是一种思维上的突破。

其次是视野更开阔。一般的县域电商主要立足点是县域，但武功县突破了县域的狭小概念，把目光放得更宽，提出了“立足武功，联动陕西，辐射西北，面向丝绸之路经济带”的目标。这个目标的提出，充分考虑了毗邻大西安和地处丝绸之路交通线的区位优势和目前较好的基础设施优势。武功距西安只有50公里，到西安咸阳国际机场只需40分钟，高铁、高速、国道穿境而过，有关中最大的冷库集群，已有几十家物流企业入驻且运价低廉，还有紧邻的杨凌农科城提供强大的技术支撑，并正在建设省级农产品加工物流园区。

再次是目标更深远。电商如果作为一种销售路径来应用，则其意义受到限制，基本属于第三产业范畴。但把电商问题引申到电商经济问题，则其对于县域经济的意义更突出，电商可以把涉及生产、储藏、加工、销售的各个环节打通，实现对一二三产业的凝聚，更利于做大县域经济规模。这是武功电商模式最突出的特点，超越了一般县域电商从促进农产品销售开始的初级模式和催生乡村经济新增长点的中级模式，直接跨越到县域经济的较高层次。

最后是口号更响亮。口号是什么？是对做事目的最简单的概括。武功县提出了“买西北、卖全国”的口号，要将武功打造成陕西电子商务人才培训地、聚集地和电子商务物流集散地，有一种发展的豪气与自信，便于宣传和吸引电商产业集聚。事实上，这种定位和宣传已经收到了明显的效果，一批周边的电商企业包括西安从事农产品电商的企业纷纷开始考察，有的已经开始入驻，如赶集网西北总部、陕西树德、后稷商贸等。在淘宝食品类销售靠前的西域美农公司也已经入驻武功，日发单量 8000 单左右。

武功模式适用于交通便利，仓储和物流发达，有商品集散地潜质的地方。因为武功县具有得天独厚的地理优势，可以将整个西北链接起来，且武功县也可利用西安咸阳国际机场的优势，将当地的农产品更好地卖出去，同时将其他地区的农产品买进来，更好地进行资源的有效整合，从而形成“买西北、卖全国”的局面。所以适合运用武功模式的地区必须具备相对有利的地理优势且仓储和物流比较发达，才可以达到整合资源的目的。

3.1.2　陕西山阳模式

1. 山阳模式的基本情况

山阳位于陕西省商洛南部，地处秦岭南麓、商洛市南部，因其北有流岭、中有鹘岭、南有郧岭，所以有“三山夹两川”之称。山阳地理条件独特，为秦巴山区农业县，是连接陕东南和鄂西北的交通枢纽。山阳的优势在于拥有丰富的自然资源，山阳依托此优势大力推动优势产业和特色资源与电子商务有机融合。作为一个地地道道的农业县，山阳最不缺的就是独特的农产品，但农业产业散、小、杂使得当地优质产品规模过小、主体偏弱、品牌缺乏，从而难以有效切入流通渠道体系，其议价能力也不强，许多具有当地特色的农产品局限在县域内，致使生产与销售脱节。

实施精准扶贫的关键在于扶持有劳动能力和土地资源的贫困户发展农业产业，而农业产业发展的关键前提是市场。随着城市人口的不断增加，城镇居民对优质农产品的需求量日益扩大，对食品安全、生活品质的要求日渐提高，电子商务作为精准扶贫的一种方式凸显出其重要性与紧迫性，不但可以对接更广泛的市场，更可以准确对接市场。

近年来，山阳县坚持以国家级电子商务进农村综合示范县创建为抓手，加大政策扶持、完善支撑体系、优化发展环境，全县脱贫攻坚已取得阶段性成果，电商扶贫产业初步实现“网货下乡”和“农产品进城”双向流通。截至 2018 年 9 月底，全县电商交易额实现 3.87 亿元，其中网络零售额达 0.49 亿元，同比增长 31%。

在渠道畅通方面，山阳县每年会设立 1000 万元电商扶贫产业发展专项资金，推出提供办公场所、住房、培训和金融信贷、物流配送、宣传营销等多项扶持政策，先后在镇级建成电商服务站 18 个，在村级建成电商服务点 98 个，其中贫困村 59 个，为网销农产品提供了有力支撑。

在完善配套服务方面，山阳县委县政府加快了物流体系建设。与此同时，对大学生、农产品企业、农民合作社负责人和种养大户进行电商技能培训，为县域农村电子商务发展促进精准扶贫营造了良好氛围。

传统农业经济与电子商务融合发展，上下共进，形成了具有山阳特色的农村电商发展模式。山阳县立足特色产业，依托自有电商平台和电子商务配套服务，形成"线上线下深度融合+进城下乡互动交易"机制，并加快形成产业集群，带动县域经济跨越发展。

山阳县农村电商虽然起步晚，但发展的成效显著。依托自建平台逛集网，当地村民的农产品从这里销售到全国各地，全县通过电子商务增收的村民达到 13 万人。山阳县也被陕西省商务厅列为"省级电子商务示范县"，逛集网电子商务公司则被评为"省级电子商务示范企业"。2012 年至 2016 年 6 月山阳县农村电商交易额如图 3-3 所示：

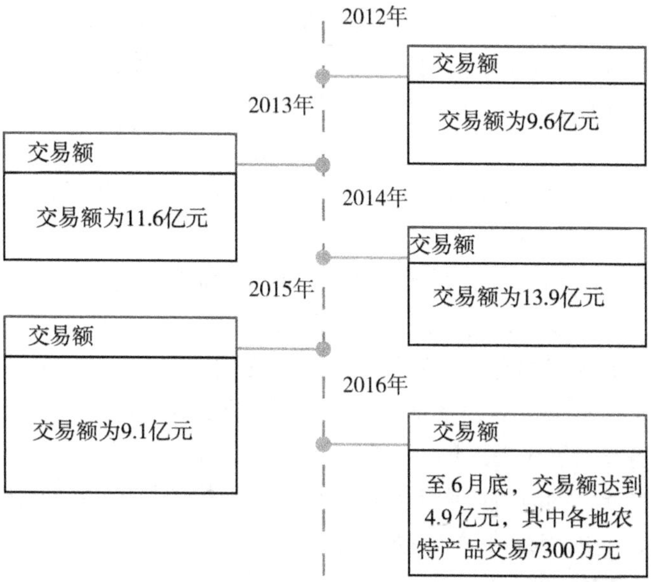

图 3-3　2012 年至 2016 年 6 月山阳县农产品电商交易额

山阳县在农产品电商方面的对策：

(1)搭建"三级平台"，畅通网销渠道。县上先后建成了"大秦岭农特产电子商务(山阳)展示体验馆”、电子商务孵化服务中心、网货品控分拣包装供应中心、农村淘宝运营中心，京东特产山阳馆等电商平台。

(2)加强“三大建设”，完善配套服务。加快物流体系建设，依托中国邮政，整合“四通一达”等民营快递企业 15 家，把物流快递覆盖到全县 18 个镇办和 3 大景区，采取“带车加盟”的办法，把乡村投递员发展成为快递送货员，物流快递覆盖到全县 190 个村，覆盖率达到 80%。

(3)创新“三大模式”，带动农户增收。建立“电商+订单+农户”模式，引导电商企业与农户合作，签订订单收购协议，农户按订单种植；建立“电商+合作社(公司)+农户”模式，引导电商企业与种植、养殖合作社合作，签订产销收购协议，合作社按协议生产；建立“电商+服务站+代运营”模式，引导电商企业与各电商服务站合作，委托服务站代收各类农副产品、代销企业生产的各类产品。

2. 山阳模式的主要做法

(1)立足特色产业。山阳县立足于大秦岭特色资源和优势产业，重点打造涉及现代材料、绿色食品、生物医药三大产业的电子商务。全力推进“大秦岭农特产电子商务”品牌建设，拥有“秦岭八大件”“山阳四宝”等具有影响力的特色农产品，并建成“大秦岭农特产电子商务-山阳展示体验馆”集中展示宣传山阳主要工业品、名优农特产品、旅游文化产品、手工艺品。支持有实力的第三方电子商务平台开设“大秦岭”特色专区，集中展示、宣传推广山阳名优特色产品。

(2)自建电商平台。山阳县除与国内知名电商平台展开业务合作外，还十分重视自有平台建设，以逛集网为代表的山阳县电子商务平台是山阳电子商务发展的核心。逛集网拥有庞大的服务网点，在山阳县建有 18 个镇级电子商务服务站，具有高覆盖、高效率的特点。通过“逛集网”为处于交通不便利、信息相对落后的农村居民在购物、售物、缴费、创业、出行、娱乐资讯获取方面提供一站式服务，同时将山阳丰富的山地绿色有机农特产品资源优势转化为解决“三农”问题的现实经济优势，实现农民就业增收。

(3)线上线下深度融合+进城下乡互动交易。该做法是扩大电商规模的有效手段。农村电子商务不仅要“卖出去”，更要“买进来”。山阳县在电子商务发展思路上突破县域的概念，眼光更加长远，将电子商务作为激活农村经济，助力传统产业转型升级、推动城乡一体化建设的动力。

(4)形成产业集群，带动县域经济发展。发展电商是手段，促进产业升级是目的。山阳县以打造农特产品为突破口，把涉及生产、加工、运输、销售的各个环节打通，不仅囊括了一二三产业，而且创造了完整的电子商务生态系统，有利于地方传统产业电子商务化，从而进一步扩大县域经济规模，形成“互联网+”时代下的县域经济发展模式。

3. 山阳模式的启示

电商扶贫不单单只是卖东西，而是通过电商赋能一个产业，带动全产业链升级，从而走出一条符合实际的农村电商精准扶贫之路。

3.1.3 陕西照金模式

1. 照金模式的基本情况

照金地处铜川西北部，是西北第一个山区革命根据地。照金通过搭建“逛集网-照金商城”电商平台，建设铜川本地特色产品馆，将本地农副特产组织进馆、上网销售，开展农网对接活动，促进农产品网上营销，同时梳理汇总当地农特、旅游、文化等产品目录，引导和推动特色产品生产市场化、标准化、组织化、规模化、规范化，形成适合网上销售的系列产品，着力打造具有铜川地域性特色的电商品牌。

2. 照金模式的主要做法

(1)重视农村信息化建设。技术的发展促进了照金电子商务的发展。照金利用通信技术和计算机技术大力发展电子商务，整合农村信息，改变以往的运行模式，以便和世界信息化接轨。电子商务的运作离不开互联网，高度信息化更是为照金农村电子商务的发展提供了快捷的途径，使照金农村电商发展得更快。

(2)引进“网商”和鼓励农民开展电商创业。引进“网商”将照金特色传播出去，同时鼓励当地农民自主创业，减轻就业压力，提高服务质量，大力发展照金电子商务。

(3)细化线上平台建设。一是“进城农特产品”：通过整合农村当地的名优农特产，形成具有地理标识的拳头产品，使其进入城市居民家中。二是“下乡生活用品”：直接和众多知名生产、生活品牌厂商对接，去掉中间层层代理环节，以最实惠的价格和不变的售后服务面向广大的农民消费者，方便生产，改善生活。三是“本地生活天地”：便民一站式服务：教授如何做电商和网购；农村金融：青年创业、翼支付、无担保小额贷款；政府声音：精准扶贫、电商咨询、大数据分析、电商培训；百姓生活。四是“家庭生态领养”：农产品的私人订制。

(4)强化线下产业链建设。一是线下体验店的建设，建立县域电子商务运营中心、研发基地，镇级农村电子商务服务中心，村级电商服务站。二是电商培训。对从事农产品相关产业以及有志于从事农产品开发销售的创业青年、返乡创业人员、退伍军人和农民进行有组织有规划的电商培训。三是农副产品的整合。将农副产品进行系统的整合，提供售前、售中、售后一条龙服务。四是物流建设。铜川市政府呼吁“村村通”车辆、“废旧资源回收车”和海尔售后车等社会车辆资源加入物流环节，搭载“闪电侠”物流 APP 软件，形成具有铜川特色的“定时、节点、定向和支点、节点、中心”相结合的双向物流体系。

3.1.4　陕西三大电商扶贫模式分析

1. 特色分析

(1)武功电商的集散地+电子商务模式建立了完备的农村电子商务产业体系，包括运营中心、物流体系、孵化中心。

运营中心集中对农村电子商务产业经营和管理中的问题进行协调和解决，为涉及电子商务的企业和农户顺利开展业务提供必要的保障。物流体系完善产品的流通渠道，利用便利的区位优势，构建能够实现资源合理配置的物流网络体系，增强物流运输能力，提高农村电子商务交易产品的配送效率。孵化中心发掘农村电子商务发展潜力，充分发挥科技优势，推动电子商务和传统产业的有效对接，在产品挖掘、技术支撑和项目引进等方面为农村电子商务提供便利。

这种模式主要依托便捷的交通和开阔的地势，建立配套完善的电子商务产业园区以整合当地以及区域内优势自然资源和产业资源，并建立仓储物流中心以充分发挥交通便利优势。

(2)山阳的产业链+四级网络服务体系模式，立足特色产业，利用丰富的自然文化旅游资源，依托本地自建电子商务平台以及国内知名电子商务平台，培育农村电子商务龙头企业，在中小企业中普及电子商务应用，促进“全企入网”。建立四级网络服务体系，通过建立县、镇、村、景点四级服务中心，促进了“工业品下乡，农产品进城”双向互动。这种模式主要依托区域内优势资源和特色产业，通过电子商务延伸产业链，突出了平台建设以及线下四级网络服务体系建设的重要性，构建区域性电子商务平台加强线上建设，同时建立了线下网络服务体系，更好地实现了线上线下双向互动。

(3)照金的资源整合+企业转型模式，一是发挥区域品牌特色。梳理汇总当地农特产品名录，借助互联网平台和电子商务服务体系，引导和推动农业特色产品市场化、标准化、组织化和规模化经营。二是加速传统资源型产业转型升级。积极开拓产业发展空间，利用互联网技术和大数据支持定制化生产，淘汰落后产能，提高产业附加值，通过创新链与产业链双向互动促进传统产业提质增效。三是电子商务触角向第三产业延伸。大力开发特色文化资源，丰富相关产品，加快发展第三产业，将经济发展与文化传承紧密地结合起来，树立区域特色品牌，通过现代服务业的发展带动农村经济发展。

2. 共同之处

陕西农村电子商务在发展过程中，形成了具有典型性的三种模式，它们的共同之处在于：

(1)政府引导企业主体。政府积极进行政策引导与支持，加强统筹规划、组织协调，加强基础设施建设，加快完善电子商务扶持政策体系和服务体系，规范电子商务市场环境，大力推广电子商务应用，提供高效服务，促进电子商务、电子政务协调发展，推动形成循序渐进的协调发展态势。以企业为主体，按照市场需求导向，遵循市场经济规律和运行机制，以市场增效为动力，有效整合优势特色产业及区域产业资源，推动实体经济与网络经济融合发展、实体市场向网络市场拓展。

(2)充分发挥区域优势。集散地+电子商务模式充分发挥了区域地势开阔、交通便利的优势；产业链+四级网络服务体系模式依托于特色资源与优势产业，通过线上平台的建立以及线下四级网络服务体系的建设实现线上线下双向互动；资源整合+企业转型模式依托于大型国有企业现有资源，通过转变发展思路整合区域内农特产品。

(3)以农村地区产业转型升级为目标。以提高农村地区产品贸易效率为目标，针对陕西农村地区产业发展中的低效率环节，实行生产流通互联网化，利用电子商务有效提高产品流通速度、流程完整性和交易准确性，从而促进农村地区产业转型升级。

3. 差异之处

三种模式的差异之处在于：

(1)所依托的区域特点有所差异。集散地+电子商务模式依托的区域特点在于地势开阔、交通便捷，适于货物的集散；产业链+四级网络服务体系模式的特点在于建立完备的线下网络服务体系，同时依托于特色资源和优势产业不断延伸产业链；资源整合+企业转型模式在于利用现有资源，转变传统产业的发展方式。

(2)进一步发展的路径不同。集散地+电子商务模式重点在于建立完备的货物供应链，同时提升产品的附加值；产业链+四级网络服务体系模式需要重视物流等基础设施的建设；资源整合+企业转型模式需要加快传统产业的转型，并优化整合区域内资源配置。

(3)可借鉴复制的范围不同。集散地+电子商务模式关中平原大部分地区可以借鉴；产业链+四级网络服务模式陕南秦巴山区比较适合参照；资源整合+企业转型模式可供陕北地区借鉴，陕北地区可以通过对传统产业的改造，整合区域内资源，从而促进农村电子商务的发展。

三种模式有相同之处，也存在差异，它们的比较见表 3-1。

表 3-1　**陕西农村电子商务发展模式比较**

地区	发展模式	依托优势	特征	进一步发展路径	可借鉴地区
武功	集散地+电子商务模式	开阔地势 交通便捷	流通性 连通性 开放性 产业聚集	延伸产业链 建立稳定的供应体系	关中平原
山阳	产业链+四级网络服务体系模式	秦岭特色资源 优势产业	完整的线下服务体系	强化物流仓储等基础设施建设	陕南山区
照金	资源整合+企业转型模式	大型国有企业	资源整合性 企业转型	产业转型	陕北能化工业区

3.2 甘肃成县模式

1. 成县的基本情况

成县隶属甘肃省陇南市，位于甘肃省南部的陇南山区，东北与徽县接壤，西与西和相邻，南以西汉水为界与康县相望，东南与陕西略阳县毗邻，这里不是黄土高原，却是“山清水秀”之地，素有“陇上江南”“陇右粮仓”之称，是“千年古县”之一、“中国核桃之乡”。这里工业经济差，山地较多，农林产品丰富，有大约50万亩的核桃林。从2013年开始，成县县委书记李祥就带头用微博、微信推广成县的核桃。

2. 成县模式的发展阶段

成县模式的农产品电商发展可以分为四个阶段(见图3-4)。

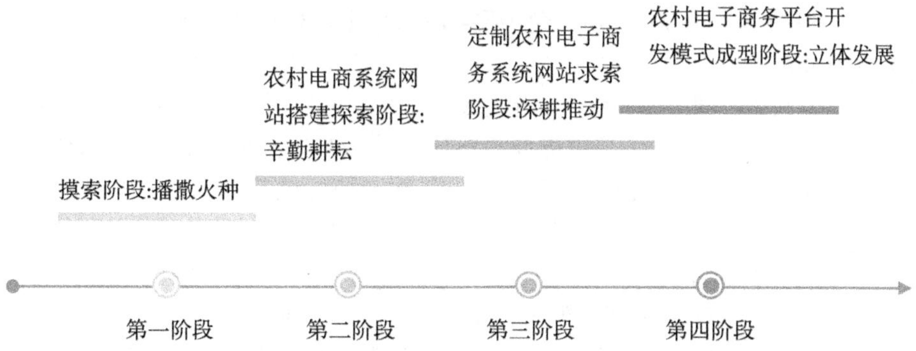

图3-4　成县模式发展的四个阶段

(1)摸索阶段：播撒火种。摸索阶段主要是2013年5月到11月，即从5月成县樱桃效应开始到成县核桃节阿里巴巴农村电商讲习所首期培训班开班。这一阶段成县从政府到民间对于电子商务这种新事物不太熟悉，属于由政府带动探索宣传、播撒火种阶段。7月成县成立电子商务协会，开始了制作农村商城网站平台等尝试和摸索，并通过请进来走出去交流学习和推广，包括李祥书记亲自带队到北京交流推广。

(2)农村电商系统网站搭建探索阶段：辛勤耕耘。探索阶段主要是2013年12月到2014年2月。这一阶段属于辛勤耕耘的推动阶段。成县开始以行政手段助推电子商务大力发展，先后组织成县电商协会工作人员、成县政府考察团赴浙江遂昌电商协会、江苏沙集、浙江义乌、福建世纪之村集团、阿里巴巴集团等调研学习，这一阶段行政推动力量表现明显；此外，2013 年 12 月成县电子商务协会培训中心成立，开展电子商务普及培训和提升应用培训，成县开始探索鼓励人人开办网店的新路子。同时，成县对 17 个乡镇的中小企业、农业生产合作社以及农村群众代表进行了电子商务宣传、普及和培训，以便有效推动农村电子商务平台发展，并采取以点带面、先行试点、再行推广的方式。

(3)定制农村电子商务系统网站求索阶段：深耕推动。求索阶段主要是 2014 年 3 月至 2014 年底。成县电商协会自建“陇南美”微信公众信息发布平台及“陇南美”网站，开始了自建平台和利用平台的探索；同时，在扩充电商团队和普及电商知识方面有所作为，集中时间开展了多层次电子商务人才培训，邀请兰州等外地电子商务企业运营人才讲授深层次的有针对性的培训课程，并且定制农村电子商务系统网站，以整合人力、物力、财力等各类资源；县商务局设立了电子商务工作领导小组，制定了《成县电子商务奖励扶持办法(试行)》，并于 2014 年 6 月 1 日施行，由县财政安排电商专项发展资金；多次赴阿里巴巴集团进行有关淘宝“特色中国-陇南馆”平台建设的谈判，并于 2014 年 8 月 8 日正式上线运营。

(4)农村电子商务平台开发模式成型阶段：立体发展。成型阶段是 2015 年初到现在。这一阶段，县域电商生态体系建设(包括推进体系、配套体系、公共服务体系三大体系建设)已经完成，各种基础设施基本到位，电子商务带动产业升级以及推动三农发展成绩显著，干部群众积极性高涨；政府、龙头企业、合作社、创业者(包括农村网点、本土电商企业、本土电商平台三种类型)共振的良性循环生态基本形成，全县 17 个乡镇都有自己的特色产品，成县电商呈现以核桃为主，土蜂蜜、柿饼、土鸡、大樱桃、草莓、油桃、金银花、油牡丹等各种土特产品百花齐放的局面。

成县模式经过四个阶段的发展，逐步在发展中完善，完善中规范，规范中进步，进步中升华。成县模式是一个进行时，是一个不断与时俱进的良性电商生态。

3. 成县模式的主要做法

成县模式的核心思想可以概括为单品引爆、系统跟进、日趋完善、立体发展。成县立足于贫困地区发展实际，依托行政的大力推动，走出了一条以县域电商生态建设(包括推进体系、配套体系、公共服务体系三大体系建设)为主要内容，以民间创业(包括农村网店、本土电商企业、本土电商平台三种类型)为主要特征，以脱贫减贫(通过五条渠道)为主要目的，以促进“三农”发展为主要成效的“3353”发展路子。其主要做法如下：

(1)微博、微信、博客为电商发展助力。县委书记带领四大班子，开通实名微博，开展微博问政、微博助农活动，县委书记李祥在微博上一条销售成县核桃的帖子访问量达到50万次，成为成县核桃网络营销的先锋。自此，微博和微信开始为成县电商助力。

(2)营造氛围，引来企业资助。成县自然资源丰富，但是开发难度较大，资金、人力极度匮乏。领导班子一致决定，用微博微信将成县推广出去，引来很多企业在成县投资。陇南电子商务孵化园，这个国家级的电子商务基地落户成县，在很大程度上是受益于成县营造的浓郁电商氛围。成县不仅注重外来引资，还特别注重本土电子商务的培养与发展，从两方面营造电商氛围。

(3)提高销售效率，保证产品质量。成县农林产品电子商务协会在兰州、上海等城市的大型超市设立了成县农产品展销台，宣传推介“成县核桃”等特色品牌，并签订了一批可观的核桃销售订单，同时注册了“山泉老树”品牌，打造了“陇南八珍”农产品组合包装营销模式。此外，成县与多家快递公司达成共识，落实了加快物流体系建设的措施，确保农产品可以被快捷地送到顾客手中。

4. 成县模式的关键特点

成县模式的关键特点主要有两点，如图3-5所示。

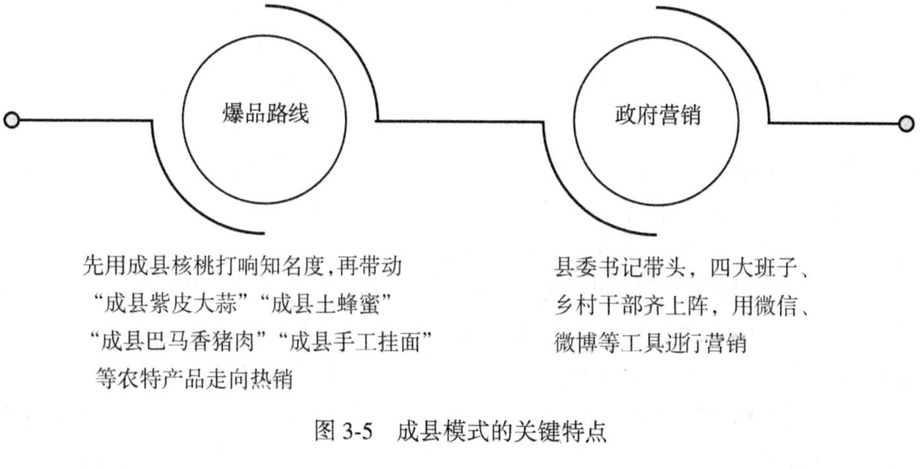

图3-5 成县模式的关键特点

5. 成县模式总结

成县模式总结如下：

(1)从一个强有力的带头人到全体公务员共同行动。

(2)从单品到产业的发展。

(3)从自媒体到全渠道。

(4)从电商助农到电商扶贫的生态系统。

(5)开放包容的互联网生态体系建设。

成县这几年出名，不是因为成县是“国家级贫困县”，主要是因为“核桃书记”李祥(当地的县委书记)带领当地四大班子成员、乡村干部一起用微博、微信推动当地的优质核桃网销。在知名度和影响力较低的情况下，县域电商企业独立网店系统平台开发的可信度有赖于权威的支持，而当地政府是重要的权威之一。在资源有限的情况下，县域电商可集中优势兵力形成“单品突破”，然后带动其他商品共同发展。成县电商的模式比较简单，但他们走出了“爆品拉动，多品畅销”的路子。

3.3　浙江省主要模式

3.3.1　浙江遂昌模式

1. 遂昌模式的基本情况

遂昌县属浙江省丽水市，全县总面积 2539 平方千米，山地 22.56 万公顷，耕地面积 1.03 万公顷，水域面积 1.8 公顷。遂昌山多地少、区位优势不明显，产业规模小且分散，是个典型的山地县。所以，遂昌的工业经济一般，以农业经济为主。这里农林特色产品丰富，拥有良好的自然环境下生产的竹炭、竹醋、竹笋、菊米、山茶油、高山蔬菜、水果等特色农产品，并拥有丰富的山区旅游资源。最古老的生态文明和最时尚的营销方式在遂昌找到了最佳的结合点。这也算是老天爷为遂昌人开的一扇窗吧。

所谓“遂昌模式”，即以本地化电子商务综合服务商作为驱动，其最关键的一点是本土化人才和本土化企业去运作，带动县域电子商务生态发展，促进地方传统产业，尤其是农业及农产品加工业实现电子商务化。“电子商务综合服务商、网商和传统产业”相互作用，在政策环境的催化下，形成信息时代的县域经济发展道路。该模式的核心是“电子商务综合服务商”，即“遂昌网店协会”下属的“网店服务中心”，其主要职能是制定并推行农林产品的产销标准；统一制作商品的数据包(图片、描述等)用于支撑网上分销商选货和网销；统一仓储，为网络分销商的订单统一发货并提供售后服务。遂昌模式见图 3-6。

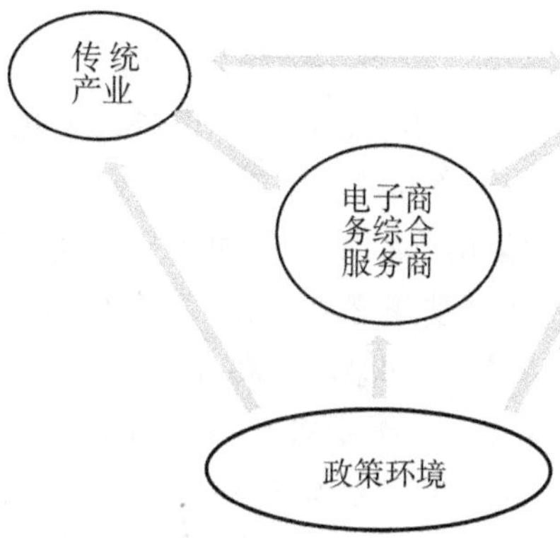

图 3-6　遂昌模式

2. 遂昌模式的发展阶段(见图 3-7)

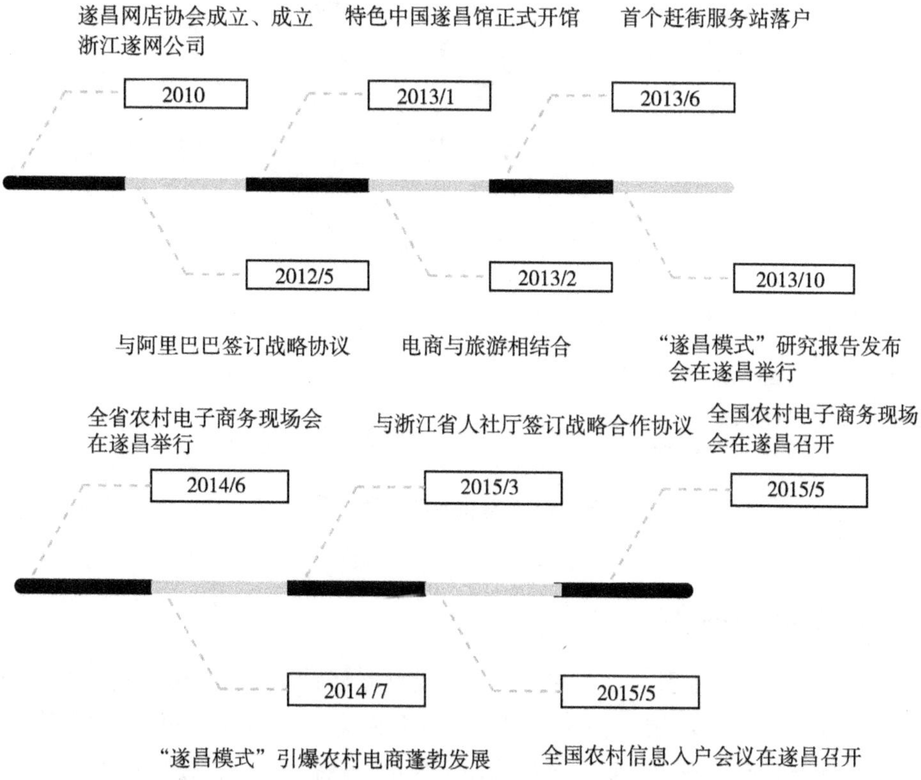

图 3-7　遂昌模式的发展阶段

3. 遂昌模式的主要做法

(1)机制的构建。遂昌县结合了政府、协会、市场的力量，形成了上下联动的发展模式，这为全国农村电子商务提供了样板。

(2)资金与政策的支持。为能够保证物流的快捷与畅通，遂昌县先后建立了配送中心和产品检测中心，并推动建立了一套“政府+农户+合作社+淘宝协会+淘宝网”的多方负责的品控机制，以保证食品安全。

(3)智慧供应链管理体系的建立。组织农产品电商销售，建立互联网下基于 C2B2C 的供应链管理体系，包括农产品质量标准体系、农产品信息管理及预订系统、农产品质量可追溯体系、冷库仓储体系、C2B2C 农产品程序管理体系、农产品生鲜技术研究中心、检测检验中心等。智慧供应链管理体系见图 3-8。

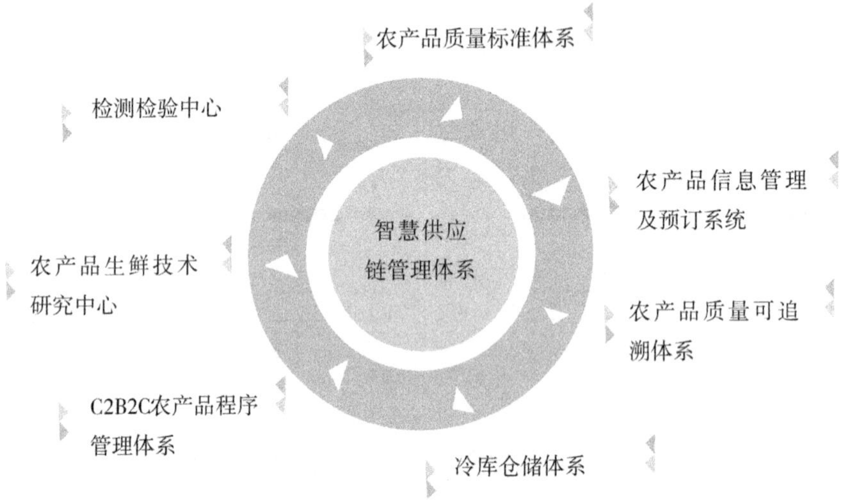

图 3-8　智慧供应链管理体系

4. 遂昌模式的启示

(1)“有形”之手引导企业抱团发展。遂昌能够后来居上，最大的核心优势就在于政府的“有形”之手，政府大力扶持并愿意为遂昌的电商信誉“背书”，这等于是给农产品安全质量上了保险。政府全力扶持，形成政府与市场真正的互动，而且企业也不需要单打独斗。实践证明，政府引导企业抱团发展很重要。

(2)协会+公司。为农户提供“保姆式”服务。农村电商要搞起来，靠农户自己肯定不行，光靠政府吆喝作用也不大，最重要的是打通农户、专业合作社、网店协会、网商、平台、消费者之间的障碍。遂昌找到了一种“协会+公司”模式。遂昌县政府对电商并不是直接扶持，而是将职责和权力授予一个中间的公共服务平台—遂昌县网店协会。

(3)服务站的线下管理和服务是关键。许多县市重视线上渠道，而忽视了线下管理和服务，遂昌在每个村建立了一个服务站，让农村居民在村内实现购物、售物、缴费等一站式办理。

“网店服务中心”在遂昌农产品电商化的过程中起了非常重要的作用：制定并推行了农林产品的产销标准。这使得杂乱无章的“农产品”向“商品”变身有了规范，使“买卖管”三方的沟通有了依据。直接或通过农村合作组织间接地推动农户及加工企业按照上述标准去生产和加工，提升了当地网货的质量。在县里设立了“产品展厅”和“网络分销平台”，统一制作商品的数据包用于支撑网上分销商选货和网销，降低了网商的技术门槛。统一仓储，按照网络分销商们获得的订单统一发货并提供售后服务，使他们实现了零库存经营，降低了网商的资金门槛。推动实现了各环节的社会化大协作：农户、合作社只管做好生产，加工企业只管做好加工，网络分销商只管做好推广销售工作。

5. 遂昌模式的优缺点及其应用

“遂昌模式”仿照工业上的“流程化”模式建立起了农林产品的社会化大协作，把货源整合、商品数据、仓储、发货及售后这些比较琐碎复杂的工作承担起来，让上游的生产商和下游的销售商专注于自己最擅长的工作，不用操心全产业链的事，提升了当地电商的整体运行效率和竞争力。这种模式在县域电商的发展初期具有效率高的优势，特别适合推动当地小电商的批量发展。问题是，“网店服务中心”是遂昌整个电商链条上的“单一故障点”，一旦这个环节出了问题，上下游都会受到很大的影响，整个链条都有可能停止运行。这就像把辛辛苦苦养的鸡蛋都放在一个篮子里，虽然看着省事儿，一旦这个篮子翻了就麻烦了。此模式比较适合电商基础弱、小品牌多、小网商多的区域。

3.3.2　浙江临安模式

1. 临安模式的基本情况

临安是杭州市的一个区，拥有国家级生态市、中国山核桃之乡等称号，发展生态特色农业优势明显，当地农特产品丰富，山核桃、笋干等优质农产品极其适合网络销售，为发展农产品电子商务提供了丰富的货源。

“临安模式”最重要的是政府、服务环境、市场主体和管理主体这“四轮驱动”，它们将核心产业紧密连接在一起，以强大的网络消费者市场为驱动力，以此为主导接入互联网，最终形成无缝紧密配合，有效推动县域电商发展的生态圈。临安拥有两个电子商务园区：位于城区的临安电子商务产业园和临安西部龙岗镇的中国坚果炒货食品城。临安电子商务产业园园区规模3万平方米，园区内现有20家农产品电子商务企业和服务商，入驻了“阿里巴巴临安产业带”“淘宝・特色中国・临安馆”“阿里巴巴农村淘宝”和临安网商协会，绝大部分电子商务业务依托阿里巴巴集团的平台开展，吸引专业人才300余人。临安立足自己的优势产品坚果炒货，背靠紧贴杭州优越的区位优势，大力推进县域电商的发展。在临安做电商最大的优势就是它的地理位置，背靠大山，面朝互联网，让其拥有大量的优质农产品，而临安又处在国际互联网大都市杭州1小时都市圈中，其交通极为便利。

2. 临安电商的三大主要模式

(1)电子商务企业+农户。这种模式的典型代表是杭州勤耕科技食品有限公司，其网上销售额已突破1亿元，旗下“新农哥”坚果炒货系列荣获全球十佳网购品牌称号。

(2)由传统的农业企业转型成为电商企业。共有28家农业龙头企业和15家专业合作社开展了农产品网上销售业务，如秋滋叶等，年销售额超2亿元。

(3)个体网商。在淘宝等第三方专业电子商务平台开设网店，从事农产品网络销售的各类个体网商有500多户。由于农产品电子商务集聚发展，形成区域优势，临安白牛村已成为全国闻名的14个“淘宝村”之一。

3. 临安模式的发展阶段(见图 3-9)

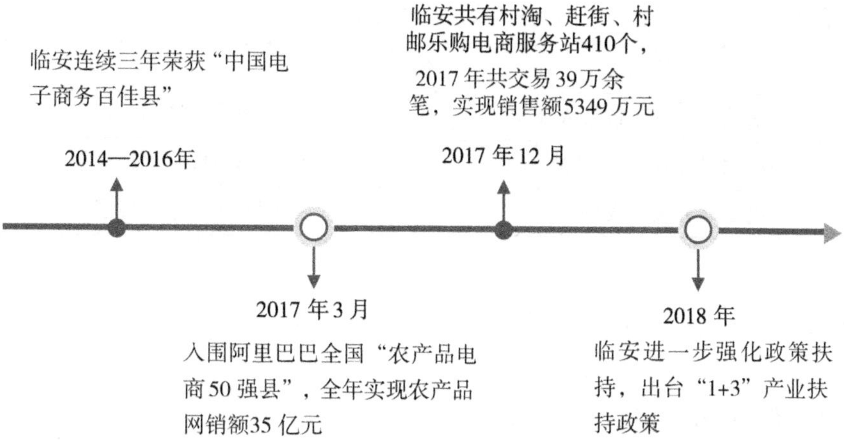

图 3-9 临安模式的发展阶段

“1+3”政策中的“1”即产业引导基金；“3”即一二三产融合发展产业扶持政策，其将农村电商作为重要扶持内容，全力助推电商产业发展壮大。同时，临安政府与高校、电商服务机构合作，强化人才培育，截至目前已组织培训活动 1000 余场、3 万人次，带动就业 1.5 万余人。

4. 临安模式的主要做法

(1)实施农产品电子商务产业园区建设工程。建设临安电子商务科技园和坚果炒货食品园两大园区，打造全国坚果炒货名品电子商务中心和现代仓储物流中心。

(2)实施线上平台建设工程。打造阿里巴巴临安坚果炒货带、淘宝·特色中国临安馆和微临安三大特色平台。

(3)实施龙头培育工程。计划培育 10 个年销售额 1000 万元以上的农产品电子商务示范村、100 家电子商务企业和 1000 个农产品电子商务创业点，建设一支勇于创新的网商队伍。

(4)实施保障体系建设工程。建设农产品基地和质量追溯、农产品物流、消费者权益保障、网络公共服务四大配套工程，形成以电商服务中心、网商协会为龙头、农村电商协会和服务点为支撑的行业管理服务体系。

5. 临安模式的制约因素和对策(见表 3-2)

表 3-2　　临安模式的制约因素及对策

制约因素	对策
缺乏电子商务核心人才	实施电商人才培养计划
物流配送网络发展不均衡	完善物流配送网络体系
电子商务模式发展单一	创新电商模式发展

3.3.3　浙江丽水模式

1. 丽水模式的基本情况

丽水为浙江省辖地级市，位于浙江省西南部。东南与温州市接壤，西南与福建省宁德市、南平市毗邻，西北与衢州市相接，北部与金华市交界，东北与台州市相连。丽水属亚热带季风气候。市域面积 1. 73 万平方千米，距省会杭州 292 千米，距上海 512 千米、温州 126 千米、金华 122 千米。丽水经济相对欠发达，但优越的自然环境却孕育出了优质生态的农特产品。

丽水全力打造区域电商服务中心，帮助电商企业做好配套服务，采取“政府指导、企业推动、公益为主、市场为辅”的电商建设模式，通过政府服务与市场有效结合，吸引了大批新型农村人才和电商主体回流。

2. 丽水模式的主要做法(见图 3-10)

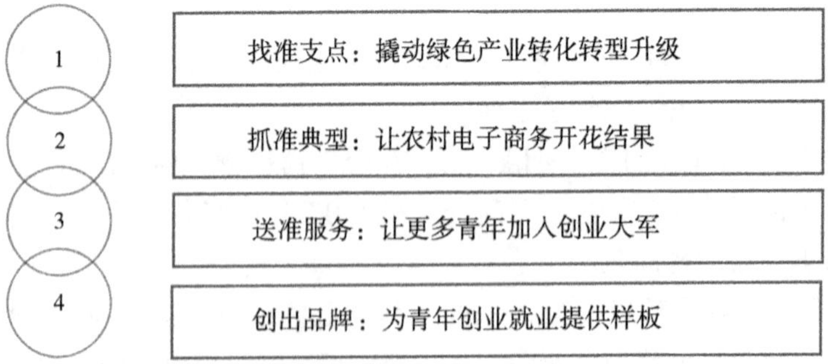

图 3-10　丽水模式主要做法

(1)找准支点：撬动绿色产业转化转型升级。丽水山清水秀，素有中国生态第一市的美誉。但在浙江这一全国经济发达省份当中，其经济还相对欠发达，这很大程度上就欠在丰富优质的生态资源无法大批量地转化为财富。如何把遍地的中药材、满山的食用山珍、精美的青瓷宝剑与经济社会又好又快发展、人民群众生活更加富裕画上等号，这是值得不断深思和努力探索的问题。

几年来，丽水农村电子商务在全市上下共同努力下，从小变大，从单一到群体协作模式、从单一农产品到商品多元化经营，从“夫妻店”模式到集聚发展模式……把生态产品介绍给了外面的世界，把财富送到了农民手中。

(2)抓准典型：让农村电子商务开花结果。在推进农村电子商务建设过程中，丽水团市委充分发挥典型带动的作用，在工作中注重挖掘典型、培育典型并宣传典型，依托典型来以点带面，促进工作的全面铺开，并提升工作影响力。

丽水团市委在全市10个乡镇开展了农村电子商务建设试点工作，通过试点先行先试，逐步形成了“政府推动、村企联动、能人带动、各方互动”的合力发展新格局。在试点工作的基础上丽水团市委大力开展农村电子商务示范乡镇和示范村建设，通过进一步完善体制机制，形成集聚效应，有力推动了乡镇一级农村电子商务的发展。庆元松源镇在镇农村电子商务工作指导组的统一协调下，建立了相对完备的网货供应商数据库，在网商与物流公司之间形成了良好的合作关系，为镇区农村电子商务的持续发展奠定了坚实基础；缙云壶镇在便民服务中心开设了电商服务窗口，成立了网商协会和志愿服务队，为当地网创青年提供最新的信息咨询服务和便捷的技术服务。缙云北山村以龙头企业“北山狼”为带动，促进100多户村民参与网上创业，被中国社科院信息化研究中心主任汪向东称为农村电子商务的“北山模式”。松阳西山村以当地特色产业简易木制衣柜为拳头产品，走上了家庭作坊向网店销售的转型之路，目前西山村上规模的电子商务企业就有7家，代理网商20余家，带动全村200多名农民就业。

龙头企业的带动对于农村电子商务的发展具有积极的促进作用，丽水团市委在全市范围内优选成长性较好、竞争力较强的电商优秀企业作为重点培养对象，通过在产销对接、交流合作和人才资源等方面的大力扶持，在全市范围内培育了一批示范带动强、辐射面广的农村电子商务示范龙头企业。

品牌化、专业化是丽水农村电子商务建设和电商发展的必由之路，丽水团市委在培育主体，挖掘典型的同时，注重对农村电子商务区域品牌的整合、提升，涌现出了“遂昌淘宝县”“北山淘宝村”等农村电子商务品牌。此外，丽水团市委充分依托丽水在生态环境和生态产品方面的坚实基础，结合各地自身的经济结构和生态产业特点，在推进农村电子商务建设中努力培育特色品牌，涌现出了一批网络畅销产品。

(3)送准服务：让更多青年加入创业大军。为了不断提高丽水全市网创青年的专业技能，优化电商发展环境，丽水团市委及全市各级团组织不断丰富服务手段，通过平台建设、技能培训、协会交流、活动开展等多种形式，以服务促发展，以发展促提升，取得了显著工作成效。

(4)创出品牌：为青年创业就业提供样板。一年多来，丽水市农村电子商务建设受到了各大媒体的高度关注，据不完全统计，丽水农村电子商务建设及青年网上创业工作已受到中央电视台“新闻联播”“对话”栏目，《人民日报》《新华社》《中国青年报》《浙江日报》等 50 余家媒体的采访报道，人民网、新浪、搜狐等 9 家大型网站纷纷进行了转载，本地主要媒体报道丽水农村电子商务的信息有数百条，丽水农村电子商务建设的影响力得到了有效提升。

为了把农村电子商务做成丽水市农村经济增长的“倍增器”和转变发展方式的“助推器”，丽水团市委谋划并提出了打造农村电子商务三大培育工程建设(万名青年网商培育工程、农村电子商务强企培育工程、丽水特色网货品牌培育工程)，通过做大基础、做强龙头、做优品牌，积极提高农村电子商务在农特产品销售和区域经济发展中的贡献率，从而促进丽水市经济社会又好又快发展。

3. 丽水市相关部门为农村电商所做的工作

(1)丽水团市委为农村电商所做的工作(见图 3-11)。

一是建设农村电子商务的网络销售体系。全面开展网络销售终端建设，在淘宝网，丽水市已经建成丽水馆、龙泉馆、遂昌馆、松阳馆、景宁馆等五个特色馆，建成山山商城等销售平台，在京东、一号店、苏宁易购也开展了地方馆建设。

二是构建农村电子商务消费与生活体系。全面建设农村电子商务服务站推进农村公共服务电商化。丽水的农村电子商务站点已经基本可以做好便民服务，如提供电费缴交、话费充值等服务。

三是建设电子商务产业集聚体系。建立健全农村物流体系，加快物流网络建设。推动电子商务专业村建设，大力培育淘宝村。

四是强化农村电子商务人才建设。加大农村电子商务人才的培育力度，增

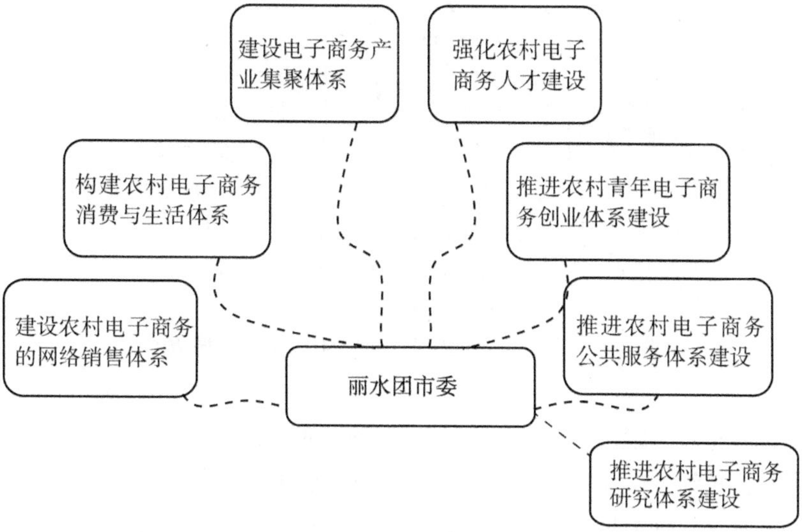

图 3-11　丽水团市委为农村电商所做的工作

加农村电子商务人才培训班。树立农村电子商务人才标杆，挖掘专业人才，充分发挥典型示范作用。

五是推进农村青年电子商务创业体系建设。深化创业培训，优化创业服务，举办创业活动，提供创业空间。为从事农村电子商务的青年提供疑难解答、网络销售检测、专业技能培训等各方面的服务。深入挖掘农村电子商务人才，为企业提供创业支持。

六是推进农村电子商务公共服务体系建设。建立电子商务网络平台和电子商务公共服务机构。在新浪、腾讯、QQ 建立相关资讯群，实现资源共享，为网创青年提供公共服务。

七是推进农村电子商务研究体系建设。建立农村电子商务研究基地，组建专家团队，对丽水农村电子商务行业发展中的难点、热点进行专题研究并提供建设性解决方案。

(2)丽水市农业信息管理中心为农村电商所做的工作

丽水市农业信息管理中心为农村电商做了以下工作(见图 3-12)：

一是继续提高农民信箱服务效率，抓好农民推广应用工作。利用送科技下乡、农村信息员培训等各种场合推介掌上农民信箱。截至全市共推广掌上农民信箱用户 1.73 万户。

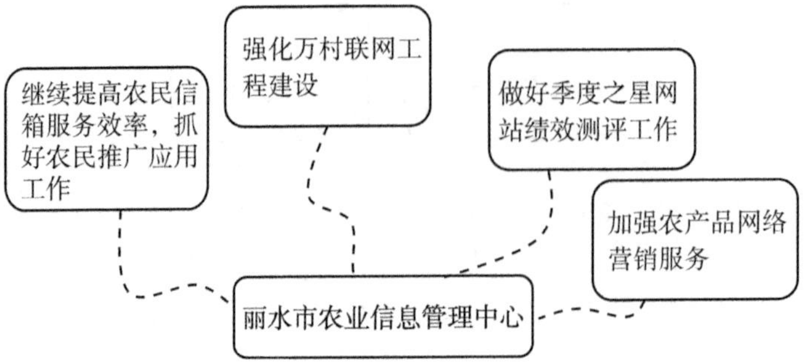

图 3-12　丽水市农业信息管理中心为电商所做贡献

二是强化万村联网工程建设。以浙江省农业现代化进程评价为抓手，加强分类指导，总结推广建站先进经验，提升万村联网工程规范建站水平。

三是做好季度之星网站绩效测评工作。2016 年 69 个村级网站获得了新农村网站季度之星示范网站荣誉称号，同比 2015 年增长了 20%。

四是加强农产品网络营销服务。每天提供农产品供求信息服务。积极组织县级农民信箱联络体系结合本地特色，有针对性地开展“每日一助”服务活动，有效解决茶叶、枇杷、杨梅等农产品集中上市销路不畅，种子种苗供求较难对接等难题。

(3) 丽水市农业投资发展有限公司为农村电商所做工作

丽水市委、市政府全资组建了服务丽水全市农业的大平台，即丽水市农业投资发展有限公司，以促进丽水农业增长方式由资源型基础收益向服务型高附加值收益转变。丽水市农业投资发展有限公司在丽水农村电子商务方面做了以下工作(见图 3-13)：

一是发展电商化。丽水市农业投资发展有限公司在产品包装方面尽力做好文化挖掘和电商培训。

二是构建供应链。设立丽水绿盒子电子商务有限公司，打造全市农产品物流配送体系，并在上海、杭州、宁波、温州、绍兴等五大城市先后建立“丽水山耕”农产品社区店。同时，加强和顺丰物流等大型物流公司的合作，破解农产品流通的瓶颈。

三是“丽水山耕”品牌推广。丽水市农业投资发展有限公司在丽水地区打造了一个覆盖全区域、全产业链的农产品公共品牌——丽水山耕。目前已经有 150 家农业主体加入丽水市生态农业协会，共培育 140 个丽水山耕试用品。

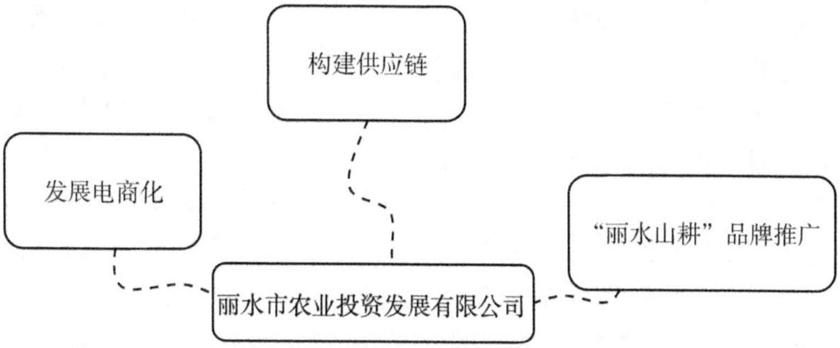

图 3-13 丽水市农业投资发展有限公司为农村电商所做工作

3.3.4 浙江桐庐模式

1. 桐庐模式的基本情况

桐庐隶属浙江省杭州市，地处钱塘江中游，富春江斜贯县境，东接诸暨，南连浦江、建德，西邻淳安，东北界富阳，西北依临安。全境东西长约 77 公里，南北宽约 55 公里。总面积 1825 平方公里。以县城为中心，东 20 公里至牛峰岭界富阳，南 19 公里至羊峤顶界建德，西 39 公里至太阳山界淳安，北 13 公里至陈家山界富阳；东南 27 公里至火烧湾顶界浦江，西南 12 公里至大岩山界建德，东北 16 公里至横山埠界富阳，西北 41 公里至高塘界临安。桐庐是浙西地区经济实力第一强县，有“中国民营快递之乡”“国际花园城市”荣誉称号。

桐庐物产资源丰富，出产的“雪水云绿”“天尊贡芽”“五云曲毫”茶为历代贡品，以“中国文化名茶”享誉内外；富春江鲥鱼、子陵鱼扬名古今；杨梅、蜜梨、板栗、柑橘、桃、李、枣、豆腐干、番薯干、青笋干等久负盛名。

桐庐板栗是桐庐县的名特产，有着悠久的种植历史和优质的品质。板栗作为木本粮食，有丰富的营养，果实含有大量的碳水化合物、蛋白质和脂肪，其含量大体与大米、小麦相当，且粉质细腻、支链淀粉含量高。既可生吃，又可熟食、炒食。生吃，香甜爽脆，风干则甜度更高；熟食则可烧鸡、烧肉，味鲜香甜。鸡肉板栗为桐庐一大名菜；糖炒栗子，则香甜糯绵，风味独特。

桐庐是浙西地区经济实力第一强县，中国著名的物流之乡、制笔之乡，独特的区位优势为桐庐发展电商提供了很好的支撑。桐庐淘宝村是阿里巴巴集团首个“农村淘宝”试点，为桐庐营造了良好的发展电商的行业氛围。在 2014 年

10 月举行的杭州桐庐第二届电子商务发展大会上，阿里巴巴和当地政府正式签署“农村发展战略落地桐庐试点项目”。桐庐县政府主导并推动淘宝村发展，通过电子商务让农村多一种消费选择和经营模式，也吸引了更多的优秀人才回归农村。目前，阿里巴巴已经在桐庐选取了第一批 10 个村作为试点中的试点，相关配套工程已经全面铺开，可用“五个一”来概括：一个村庄中心点、一条专用网线、一台电脑、一个超大屏幕、一帮经过培训的技术人员。桐庐农村电子商务发展是在县城设立阿里巴巴运营中心，以行政村为主体，设立村级服务站。一方面，淘宝服务站会帮助村民从农村淘宝官网代买商品，主要以日用品和家用电器为主。另一方面，各村结合自身优势，开辟网络销售通道，以增加农民收入。

2. 桐庐模式的发展阶段(见图 3-14)

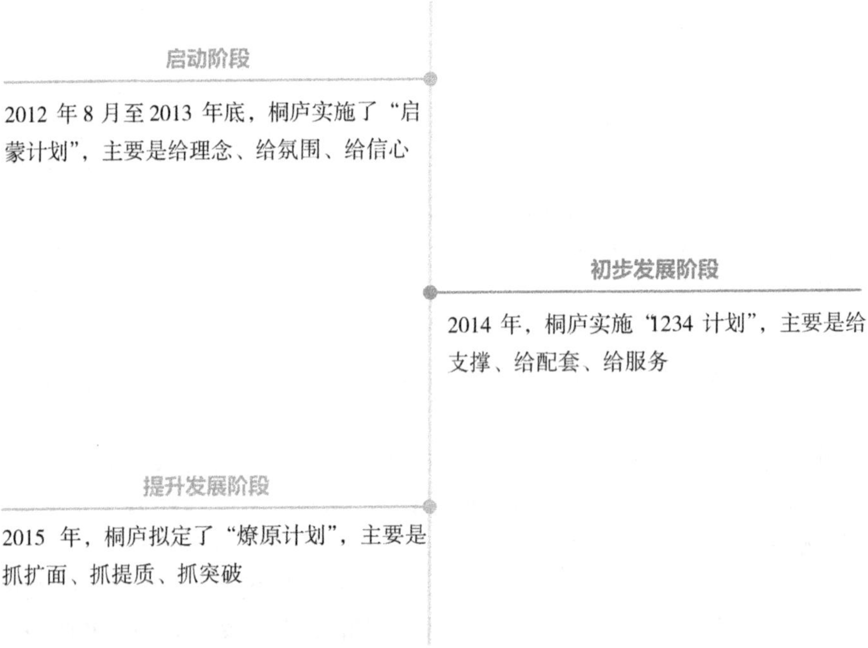

图 3-14　桐庐模式的发展阶段

(1)启动阶段：桐庐一方面通过考察，开设培训班，引导干部去企业深入了解，另一方面营造发展电商的氛围，让大家了解到电子商务不仅是一个无比庞大的既有市场，也是一个无法阻挡的趋势市场，更是一个无限广阔的机会市场。

光靠自己摸索跑不快，必须“靠大树”“借大脑”。2013年8月，桐庐县委副书记、县长方毅多次带队与阿里巴巴对接，终于成功建立战略合作关系，达成十方面合作意向，并共同举办了首届桐庐县电子商务发展大会和阿里巴巴“中国产业带”巡回论坛。县政府还聘请了包括阿里巴巴集团资深副总裁在内的6位电商领军人物作为电子商务发展顾问，高起点、高标准谋划电子商务发展。与阿里巴巴“结亲”不仅使桐庐在发展电子商务上走上了快捷道，更重要的是极大地提升了桐庐对做好电子商务的信心和决心。

有了信心和决心，政府发挥主导作用就异常重要。桐庐出台了《关于加快电子商务应用发展的若干意见》，从培养电商人才、整合平台建设、加快示范培育等八个方面全方位、系统化推进电子商务普及应用。

(2)初步发展阶段：杭州屹尚电子商务有限公司、桐庐汉纳家居用品有限公司……随着15家耳熟能详的企业相继入驻，凤川街道电子商务孵化园发展已初具规模。

随着电商的起步，各类发展需求摆在政府面前，比如人才、平台、政策等。桐庐决定把重点放在构建长远发展的支撑体系上，包括规划体系、政策体系、人才培育体系、公共服务体系等等。桐庐编制了一套规划。通过编制规划，明确桐庐电商发展的方向、模式和近远期目标，同时研究确定实现目标的路径选择、时序安排、节点设计、支撑项目和实现手段等。

推进“两大中心”建设：一个是电商公共服务中心，另一个是电子商务仓储物流中心；加快三大园区建设；突出“四大平台”建设：分别是“阿里巴巴·桐庐产业带”，“淘宝·特色中国桐庐馆”，“一马平川”公共文具电子商务运营平台，安厨鲜活农产品电商平台。

(3)提升发展阶段：桐庐实施了“燎原计划”。“燎原计划”的核心是“扩面提质”。桐庐明确农业生产组织、旅游企业和规模工业企业电商应用面要达到75%以上；电商发展要融入每一个行政村；电商服务要覆盖50%以上的农村家庭；产业园区、电商平台、仓储物流、人才培训、网络品牌、协会组织等支撑体系要全面优化提升；同时，还要重点打造8大类70个电商龙头示范主体、推进6家电商企业上市培育。

3. 桐庐模式的主要做法

(1)加强宣传。让大家深入了解加入产业带的好处、优势以及免费网店装修等扶持政策，逐步带动形成桐庐企业加盟产业带的浓厚氛围。

(2)集中打造电商示范企业。着重加大投入，打造重点代表，用扶持投入、免费服务、利润收益等广大企业看得见的支持和成效，吸引企业加入产业带，彻底打消他们对技术、风险、经济收益等方面的疑虑。

(3)创建云商网络科技公司。直接运营桐庐产业带。桐庐产业带直接由桐庐自己的公司实施运营，从而获得沟通方便、操作灵活、利润自收等多项优势。

4. 桐庐模式的优势(见图 3-15)

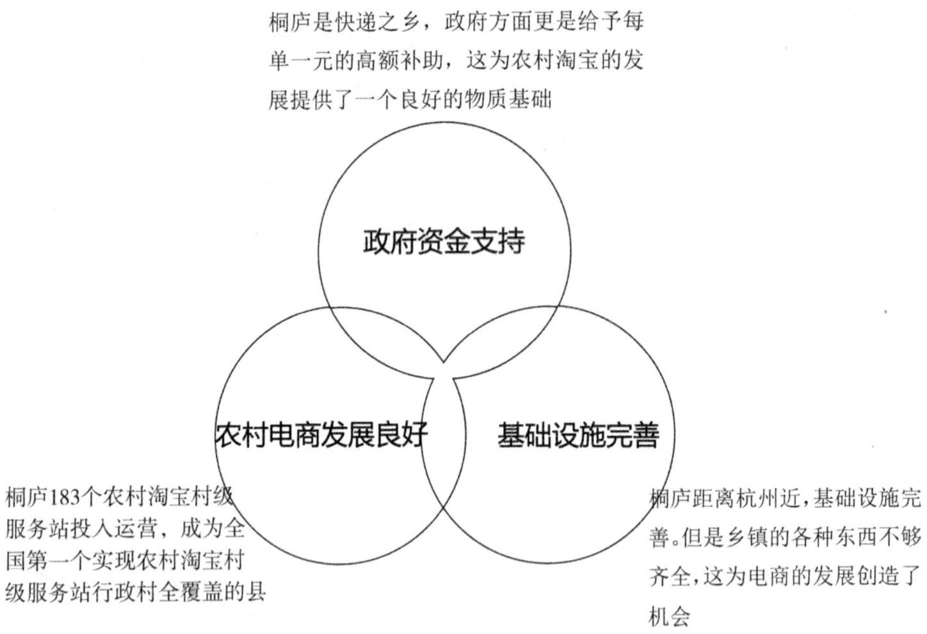

图 3-15　桐庐模式的优势

5. 桐庐模式的启示

桐庐具有良好的产业基础和电商发展态势，特别是物流方面，有村级单位物流全通的先天优势，也有良好的社会环境以及政府部门的政策支持，这些为电商的发展提供了良好的环境基础。桐庐模式的主要启示有以下四点(见图3-16)：

启示一："政府主导"。政府先于企业思考一步，主动作为，在建立机制、转变理念、营造氛围、编制规划、出台政策、寻找资源、设计载体、搭建平台等方面采取了一系列举措，一步一步推动电商发展。

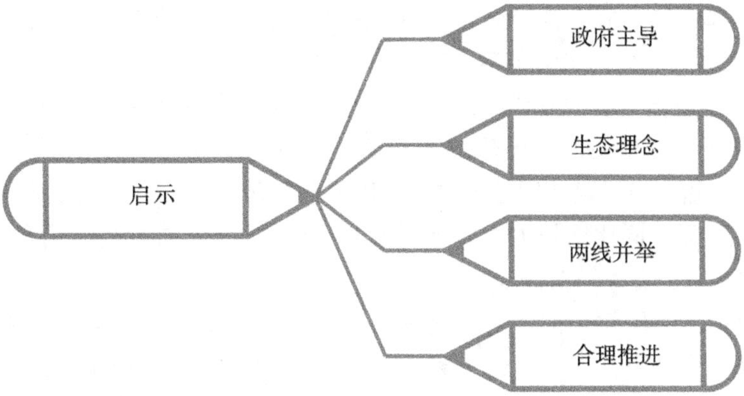

图 3-16　桐庐模式的启示

启示二：“生态理念”。桐庐发展农村电商，不局限于打造几个“淘宝村”或“电子商务示范村”，而是紧紧抓住制约农村发展电商的“物流”和“人才”这两个主要“瓶颈”去考虑顶层设计问题，着眼于整体改变农村的消费方式、生产方式和销售方式去推进农村电商发展，全力打造农村电商生态体系，实现大众创业、万众创新。

启示三：“两线并举”。桐庐发展农村电子商务的总体思路是“两条主线融合并举”：一条主线是大力推进阿里巴巴“农村淘宝”项目试点，利用这个项目打通上下行物流的通道，播撒农村电商的种子。另一条主线是以桐庐农产品电商产业园为核心，以一批专业电商平台为龙头，运用组织化的方式，整合提升农村产品资源，解决“无标”“无认证”等关键问题，从而拓展网上销售市场。

启示四：“合力推进”。桐庐与阿里巴巴集团紧密合作，共同探索，合力推进“农村淘宝”项目试点。目前，“农村淘宝”项目的运营质量稳步向好，发展农村电商的“物流”“人才”和“资金”三大瓶颈得到了有效突破。

3.3.5　浙江海宁模式

1. 海宁模式的基本情况

海宁市，隶属于浙江省嘉兴市，总面积 863 平方千米，其中平原占 87.94%，山丘占 1.81%，水域占 10.25%。地形狭长，东西长 51.65 千米，南北宽 28.94 千米。位于中国长江三角洲南翼、浙江省北部，东邻海盐县，南濒钱塘江，与绍兴上虞区、杭州萧山区隔江相望，西接杭州余杭区、江干区下沙，北连桐乡市、嘉兴秀洲区。东距上海 100 千米。海宁素有“鱼米之乡、丝绸之府、才子之乡、文化之邦、皮革之都”的美誉。

海宁是全国有名的皮草城，也一直追随网络的步伐推动电商发展，目前全市从事电子商务相关企业共有 1500 余家，网商达 2 万家以上，注册天猫店铺 780 家、占嘉兴市天猫店铺总数的 40%以上，2014 年上半年全市实现网络零售额 51.98 亿元、同比增长 11%以上，成功创建“浙江省首批电子商务示范市”和“浙江省电子商务创新样本”。

近年来，“电商换市”大潮席卷海宁大地。作为省内首批电子商务示范市之一，海宁市依托皮革、经编、家纺三大传统支柱产业，积极推进电子商务集聚区建设，培育龙头示范企业，促成电子商务与产业集群良性互动。同时，深挖产业特色，积极搭建网上平台，打通线上线下两个市场。

2. 海宁模式的主要做法：以“三个三”推进电商换市(见图 3-17)

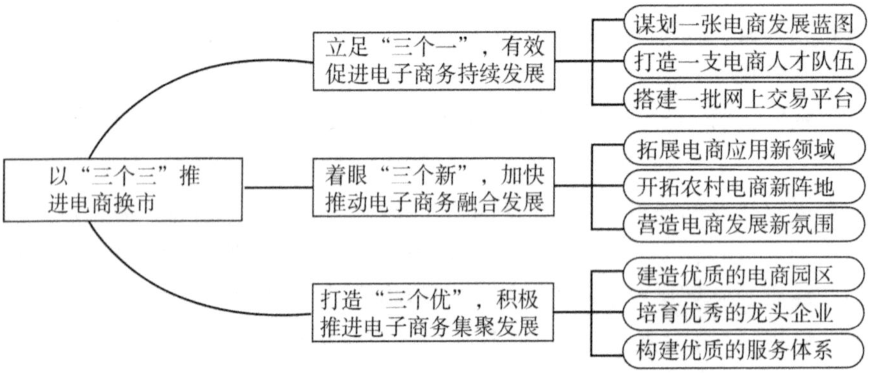

图 3-17　海宁模式的主要做法

(1)立足“三个一”，有效促进电子商务持续发展。①谋划一张电商发展蓝图。出台《海宁市电子商务发展规划》，立足发展实际，强化产业引导。出台《海宁市加快电子商务发展扶持办法》，计划投入 1200 万元资金，对符合条件的电商企业在税收、贷款、培训、做大做强等方面进行补助或奖励。出台《海宁市加快电子商务发展实施意见》，培育一批优秀电商企业，建成若干个特色行业网货交易中心和品牌网商集聚中心，着力打造全国电子商务强市。

②打造一支电商人才队伍。引导各类培训机构与电子商务企业合作，依托

职业技术学校、大专院校共建电商人才培育基地，培育具有实际操作能力的电商综合人才。以“电商大讲堂”品牌活动为载体，制订电子商务人才培训方案，切实加强电商人才的培训。不定期邀请顶尖的产业专家、学者、电子商务精英授课培训，共同探讨和分享电子商务发展的新趋势、新方向。目前，已开展三期“电商大讲堂”，培训人数超1000人次。同时，开展电商创业大赛，重点鼓励高校学生和青年人才从事电子商务创业致富。

(3)搭建一批网上交易平台。依托皮革、经编、家纺三大产业优势，着力打造特色产业交易平台。由“海宁中国皮革城”联手工商银行浙江分行共同开发的第三方网上交易平台——“海皮城”全面启动，开辟了电子商务交易线上线下联动的新模式。“海皮城”现入驻经营户约400家，日均流量达2万人次。海宁经编产业园区联手中国网库共同开发经编产品“单品网”，中国网库专业研发团队入驻海宁，首批20个“单品网”项目已全面启动。启动建设阿里巴巴海宁产业带、淘宝特色馆等地方特色平台，为提升皮革、经编、家纺企业和地方特色产品跨越式发展创造有利的条件。

(2)着眼“三个新”，加快推动电子商务融合发展。①拓展电商应用新领域。海宁的电子商务起步于皮革产业，目前正迅速向经编、家纺等产业延伸，同时也拓展到外贸、科技服务、旅游服务、农副产品等领域，特别是在外贸领域得到了广泛应用，全市现有阿里巴巴国际站注册会员800家。2014年半年，全市共有自营出口企业1064家，出口额达24.28亿美元。据调查，95%以上的外贸企业纷纷通过阿里巴巴、环球资源、网上广交会、环球市场、嘉兴电子商务应用平台等载体发布信息，获取订单，并实现线下交易，从而助推企业快速发展。

②开拓农村电商新阵地。近年来，海宁充分利用本地优质生态农产品资源，积极搭建农村电子商务平台。截至2013年底，已拥有农业龙头企业47家，实现销售收入48.56亿元，其中网上销售收入超5000万元。2014年，通过启动“电子商务进万村工程”，对农村电子商务给予政策扶持，努力为农村电子商务发展创造良好政策环境。同时，积极倡导创新农产品电子商务发展模式，如虹越花卉网店团队不断加强产品研发和国外优秀产品的引进，上架产品从原来100余个增长到3000余个，2013年网上年销售额超600万元，位居淘宝绿植园艺类网店前列；科峰生物和盛旭水产通过在网上开展B2B业务，2013年网上销售额分别为3000余万元和200余万元。

③营造电商发展新氛围。为促进电子商务规范化发展，充分发挥电子商务行业协会自律管理作用，组织开展多种形式的活动，并成立海宁市电子商务协

会。为营造良好的电商发展氛围、丰富电商培训和活动，成功举办中国首届“时尚之都”网络模特大赛、中国(海宁)电子商务大会、电商服务商推荐会、金麦奖宣讲会等活动。为了解全市电子商务发展情况，结合省电子商务统计体系建设，着手电子商务统计体系建设，在动员 16 家典型电子商务企业列入省电子商务统计系统的同时，准备进一步扩大电子商务统计企业数量，加强电子商务企业信息统计和采集，逐步建立完善的电子商务统计体系，使电商发展环境进一步优化。

(3)打造“三个优”，积极推进电子商务集聚发展。①建造优质的电商园区。电商园区发展以市区为中心，辐射带动周边镇(街道)开展电商集聚发展，充分利用临杭优势，助推海宁电商集聚。全市现有和拟建电子商务园区(楼宇)6 个(其中电商园区 4 个，电商楼宇 2 个)；已投入运营的海宁皮革城网商大厦，主要以吸引皮革城周围网商品牌企业入驻为主，现已入驻企业 72 家，2013 年网上销售总额 6 亿元；斜桥镇盛天电子商务产业园以该镇包装产业和传统服装企业作为支撑，吸引相关电商企业入驻，发展电商生态园；丁桥镇电子商务产业园项目定位为吸引本地区传统企业和网商企业入驻；长安镇(高新区)普瑞美电子商务产业园和家纺城电商项目正在同步推进；总投资 29 亿元的阿里巴巴智能骨干物流网项目已开工建设；全球物流巨头普洛斯集团旗下普洛斯(中国)投资管理有限公司的电子商务供应链平台项目已正式入驻。

②培育优秀的龙头企业。鼓励实体工业企业积极“触网”，创建线上名牌，推动企业向“品牌运营+网络营销+标准化生产基地”的精细化管理模式转型。皮革、袜业、服装、太阳能等传统企业在各类专业交易网站纷纷开设旗舰店，销售业绩明显上升。如浙江卡拉扬商务休闲有限公司在淘宝、京东、当当、亚马逊等网站均开有旗舰店，2013 年实现 5000 余万元销售，同比增长 150%以上；玖姿尝试从实体经济进入电商，并制定相应的商品销售策略，2013 年实现电商销售 8000 余万元。此外，卡森、美大、敦奴、雪豹等知名生产企业纷纷进军电子商务领域，企业销售业绩得到了快速增长。

③构建优质的服务体系。随着电子商务在各领域的渗透发展，电子商务支撑水平也相应有了快速提高，快递服务迅速发展。以邮政特快专递为代表的快递企业及相应的快递服务网点渗透到各镇(街道)，顺丰、申通、韵达等物流服务企业遍布全市。依托产业集聚优势，大量第三方服务平台和服务商被引进，电子商务服务体系得到进一步完善。2014 年 7 月，海宁与浙报集团合作开展“电商换市提升计划”，在全媒体、电商服务、电商活动、投融资四大平台展开深度合作。成功引入杭州电子商务产业园、阿里巴巴商学院、浙报商学

院、老A电商培训学院等一批优秀电商服务企业，进一步提升了电商服务水平。

3. 海宁电商存在的问题

海宁电子商务贸易发展虽然取得了一定的成绩，但也面临着体制、技术、管理等诸多问题，在新一代"互联网+"电子商务行动战略下，海宁电子商务发展必须探索研究新的商业模式和新的发展路径。海宁电商存在的问题见图3-18。

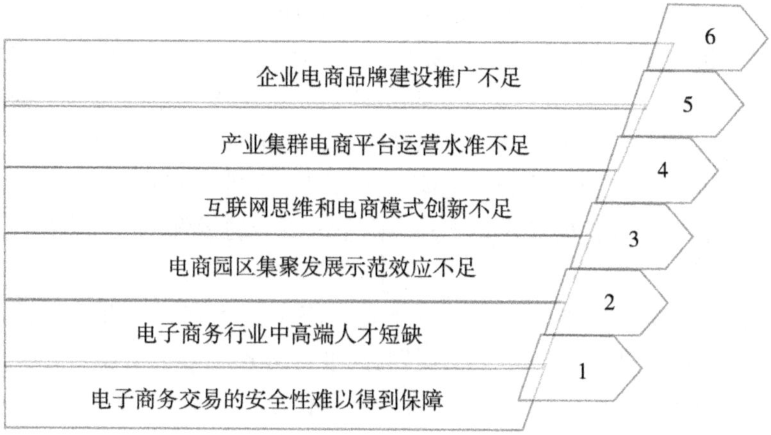

图3-18　海宁电商存在的问题

(1)电子商务交易的安全性难以得到保障。一是电子商务贸易缺乏完善的网上贸易法律法规体系。使用电子商务模式开展贸易活动主要在虚拟网上进行，这必然会出现虚假商品销售等网上贸易纠纷问题，需要用有关法律、法规去解决，但目前我国网上贸易法律、法规体系不健全，导致网上交易缺乏必要的法律保障。二是电子商务贸易存在商业机密泄露的风险。从网络本身来看，网络是一个自由、开放的世界，它把全球连成了一个整体，在使搜集各种各样的资料信息极为方便的同时，也带来了有关企业安全方面的管理问题。目前，有些不法之徒使用互联网技术窃取企业商业机密，进行网络犯罪，使企业遭受巨大损失，这也是企业开展电子商务贸易活动存在的重要隐患。

(2)电子商务行业中高端人才短缺。电子商务发展迅速、业务涉及的知识面较广，使得电子商务人才缺口很大，特别是运营策划管理人才、复合型人才稀缺。而现有的电子商务专业人才培训机构，并未形成统一的规范和管理，在教学水平与资质上都很难评定，培养的电子商务人才难以满足企业需求。海宁市目前大力发展电子商务，大量传统企业向电子商务企业转型，这必然会引起对电商人才需求的增加，加之电子商务属于新兴产业，人才存量本就不足，这也导致了电商人才供不应求。

(3)电商园区集聚发展示范效应不足。虽然海宁高度重视电子商务在"调结构、转方式"中的重要作用，积极采取措施促进电子商务集聚发展，形成了南湖区电商产业园和秀洲区名都电子商务产业园等园区。但园区产业集聚度不够，产业特色不明显，运营的动力和后劲不足，服务模式缺少多元化，还不能形成电商聚集的规模效应，难以起到引领示范作用。

(4)互联网思维和电商模式创新不足。2015 年国家提出"互联网+"概念及"互联网+电子商务"等 11 项重点行动战略后，市场发生了变化，由原来的卖方市场变为消费者主导的实体与虚拟结合的现代市场，商业模式不断发生着新变化。海宁企业、行业、政府等主体的互联网思维尚有不足，多数企业电商应用还侧重于占垄断地位的淘宝、天猫、阿里等平台的运作，导致多数企业电商利润不高，甚至亏损倒闭。

(5)产业集群电商平台运营水准不足。海宁虽然有着良好的区位优势和产业集群，但从整体来看，产业集群电商平台运营能力水平还不足，集群或区域平台宣传推广不足，电商数据与流量转化也成了运营中的严重问题，还不能紧跟行业市场的新变化，不能根据消费者新的需求变化采取新的营销推广模式。

(6)企业电商品牌建设推广不足。虽然海宁有"金三塔"丝绸、"五芳斋"粽子等百年老字号传统品牌，但电商品牌拓展与传统品牌延伸能力还不足。再者海宁很多企业不注重电商品牌建设，企业决策者、管理者对电子商务品牌管理理解不足，缺少品牌的战略性眼光和管理方法，没有真正把握电子商务的变化规律，一味追求物美价廉导致企业产品低端化，电商经营同质化，产业品牌意识、竞争意识和全球意识不强。

4. 海宁电子商务贸易发展对策(见图 3-19)

(1)加快推进电子商务安全信用评价体系建设。建立科学的安全信用评价体系，鼓励电子商务企业开展各类资质认证。加强信息安全防范，保证网络信息安全，推进电子商务诚信安全体系建设。尤其是企业既要通过电子商务模式对其产品和优势进行广泛宣传，又要使本企业的商业机密受到绝对的

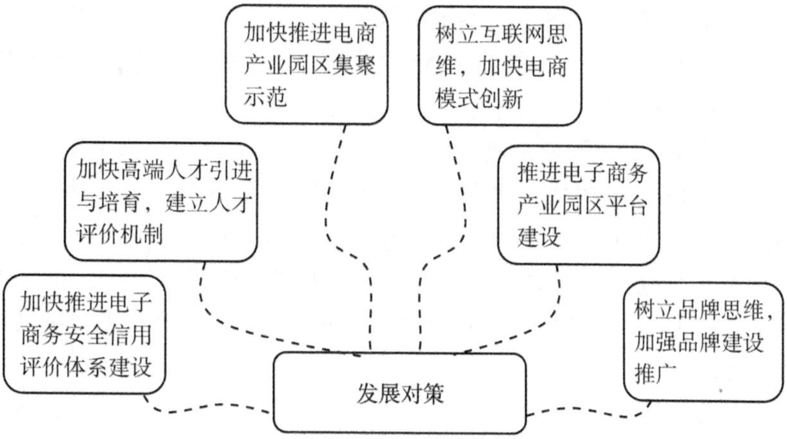

图 3-19　海宁电子商务贸易发展对策

保护。

(2)加快高端人才引进与培育，建立人才评价机制。针对高端电商人才缺乏的问题，采取外引内培的原则，对入选“创新嘉兴·精英引领计划”的电子商务高端人才给予政策支持。加大人才培训力度，鼓励本地院校培养中高端技能应用人才，做好人才储备。加快培育形成高端人才与技能型人才有机结合的电子商务人才支撑体系，进一步建立人才评价记录系统，记录企业电商高端人才、中端人才评价的核心指标，比如资历、专长、服务绩效等方面的指标，做好人才评价，激励中高端人才创造性地开展电商工作。

(3)加快推进电商产业园区集聚示范。针对海宁电商园区产业集聚度不够，产业特色不明显，运营动力和后劲不足，服务模式单一等问题，应加强引进长三角知名电子商务及配套服务企业入驻，鼓励电子商务品牌企业推进产业链整合，形成有特色的横向或纵向的产业链，通过产业链式发展、专业化分工协作，增强集群协同效应；加强现有电商园区培育与运作，优化电商服务平台建设，形成集商品贸易、信息交换、物流配送、融资支持、人才培训等配套功能于一体的电子商务生态产业园，培育结合产业集群和块状经济优势的特色行业服务平台，鼓励各产业平台发挥延伸服务功能。建立电子商务园区评价体系，提高园区服务能力和运营能力。

(4)树立互联网思维，加快电商模式创新。在“互联网 +”的今天，各类企业都要顺应新的市场规律，树立互联网思维，掌握电子商务内在变化规律，根据企业实际资源与能力，创新电商模式，开展多元化、多模式的电子商务运作，提高企业电商运营水平，做好客户关系管理与维护，大力发展移动电子商务。海宁的工业企业应学习借鉴小米和特斯拉电动汽车等电商模式的成功经验，在工业 4.0 的背景下，整合各方面资源和电商模式，实现创新链、产业链与金融链的协同发展。农业企业要积极推广"农户(企业)+网商+协会(公司)+平台"的电子商务发展模式，学习五芳斋模式及遂昌、桐乡淘宝村模式。

(5)推进电子商务产业园区平台建设。鼓励有条件的产业集聚区以"互联网+"新形态整合仓储、配送、融资等功能，形成产业特色鲜明、服务体系完备的多业态现代电子商务园区。建议政府对网上销售平台及利用阿里巴巴平台销售给予资金补助与扶持。发挥海宁皮革、毛衫等产业集群优势，引导行业协会、专业市场和龙头企业等主体搭建行业电子商务公共服务平台。鼓励海宁电子商务应用平台、中农网等公共服务平台延伸服务功能，鼓励各平台运营模式创新，真正发挥平台服务功能，帮助企业提升销售业绩。

(6)树立品牌思维，加强品牌建设推广。新常态+互联网时代要有品牌思维的意识与行动，要树立国际化品牌战略，做好品牌顶层设计、品牌定位和品牌宣传推广。传统品牌要做品牌延伸拓展，应发挥自身品牌优势，建立电子商务品牌，推进实体企业品牌电商化，鼓励品牌国际化，而电商品牌要挖掘文化特色内涵。鼓励电商企业进行产业链整合，实现电商品牌化，形成企业电商品牌与海宁经济、城市品牌发展的集成效应。品牌是海宁电商企业发展之路，只有做好品牌，才能解决电商同质化、产品低端化的问题，才能实现企业电商应用的可持续发展。

5. 海宁模式的启示

以电商推动转型升级，一是引进人才，转换思维；二是对接平台，整体出击(稳固国内，加强跨境)；三是加强监管，保护品牌；四是园区承载，强化服务(六大园区先后投建)；五是管理提升，升级企业(现代企业为主体)。

3.4　河北清河模式

1. 清河模式的基本情况

清河县隶属于河北省邢台市，是邢台市东部副中心城市，地处冀东南黑龙港流域，拥有羊绒、汽车及零部件、合金、耐火材料等四大特色产业。年加工经销山羊绒6000吨、绵羊绒50000吨，分别占全国总量的50%、90%；纺纱7000吨，其中山羊绒纱线3000吨，占全国总量的45%；织衫3000万件以上，其中山羊绒衫600万件，占到全国总量的21%，是全国最大的羊绒原料加工集散地、全国最大的羊绒纺纱基地和全国重要的羊绒制品产销基地，素有“世界羊绒看中国，中国羊绒看清河”的美誉。配套体系完善，建有省级羊绒产业研究院、羊绒设计中心、羊绒生产力促进中心、德成网络跨境电商基地等10余个创新平台。清河电子商务正是依靠专业的、传统的大市场得到了快速的发展，走出了一条独特的县域电商发展模式：专业市场+电子商务。

在河北清河“电商”成了最具特色的商业群体，清河也成为全国最大的羊绒制品网络销售基地。全县网上羊绒纱线销售额占淘宝同类产品销售总额的7成以上。在基础设施建设方面，该县不断加大力度，目前电子商务产业园、物流产业聚集区以及仓储中心等一大批电子商务产业聚集服务平台正在建设之中，清河正在实现由“淘宝村”向“淘宝县”的转型提升。

“清河模式”能够被认定为我国电子商务领域的一种典型模式，一方面缘于清河在电子商务领域取得的重大成绩。清河电子商务从羊绒起步，目前已经涵盖羊绒、汽配、硬质合金等领域，全县在淘宝、京东等各个平台开设的网店超过1万家，从业人员5万余人，年销售额超过20亿元，清河东高庄村被认定为全国首批“淘宝村”，清河还入选“中国电子商务百佳县”，排名位居全国第25名。另一方面清河电子商务发展较之其他地区有自己鲜明的特点。与其他地区大多依靠农村自发组织或协会的拉动作用不同，清河电子商务的迅速发展与专业市场的带动密不可分。

2. 清河电子商务发展的有利因素(见图3-20)

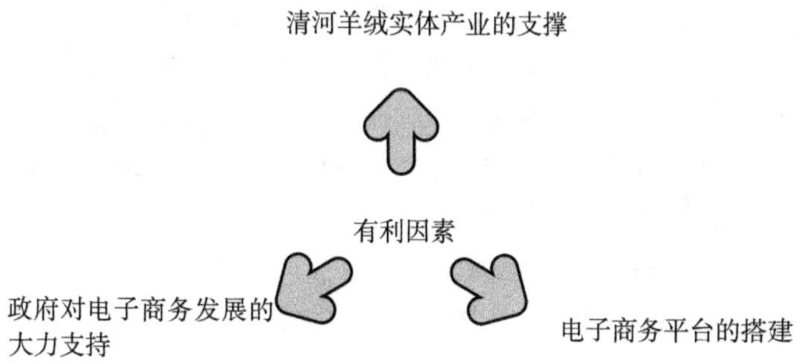

图3-20　清河电子商务发展的三个有利因素

(1)清河羊绒实体产业的支撑。清河电子商务的快速发展，与其良好的传统产业基础是密不可分的。清河拥有羊绒生产专业乡镇 6 个，专业村 160 多个，羊绒产业摊点企业 1 万多个，从业人员 10 万人。全县电脑横机总数已有 3000 余台、纺纱生产线 140 条，年纺纱 7000 吨，加工各类羊绒制成品 1600 多万件。坚实的实体产业为清河电子商务的发展提供了良好的基础。目前，清河已成为全国最大的羊绒制品网销基地。可以说，清河县域经济是在实体产业与电子商务相互促进相互融合中发展前进的。

(2)政府对电子商务发展的大力支持。清河县域电子商务的发展，与清河政府的支持也是分不开的。为了促进县域电子商务的发展，清河政府做了许多努力。第一，政府出台政策性文件，全力支持电子商务的发展。第二，政府搭建平台，为农民提供技能培训等服务。免费为村民进行“淘宝网入门”“网店提升”等技能培训。成立电子商务服务中心，与淘宝网“万堂书院”“网商动力”“单仁咨询”等机构合作，为提高农民电商技能做了很大努力。第三，为促进电子商务企业的聚集，建立电子商务园区、物流园区等。园区的建立，为清河羊绒产业及其他产品的输出提供了方便，也带动了周边地区的经济发展。

(3)电子商务平台的搭建。为了促进清河电子商务的发展，清河搭建了专门的电子商务平台。组建了电子商务协会，同时引进电商服务机构。成立了电子商务培训服务中心，建立了 B2C 模式的“清河羊绒网”和羊绒制品专业供货平台“百绒汇网站”。电子商务平台的搭建为投资者认识清河羊绒，与清河产业合作创造了良好的机会，也为当地发展提供了思路。

3. 清河模式的主要做法

(1)协会+监管+检测。协会监管与检测于一体，以维护正常市场秩序。

(2)孵化中心+电商园区。培训提高，转型升级，全线出击，建成新百丰羊绒(电子)交易中心，吸引国内近 200 家企业进行羊绒电子交易。

(3)建立网站。其中有 B2C 模式的“清河羊绒网”、O2O 模式的“百绒汇网站”，100 多家商户设立了网上店铺。

(4)实施品牌战略。12 个品牌获中国服装成长型品牌，8 个品牌被评为河北省著名商标，24 家羊绒企业跻身“中国羊绒行业百强”。

4. 清河电商存在的问题

清河电子商务发展快速，并取得了骄人成绩，但随着电子商务普及率的提高以及市场竞争的日益加剧，其发展中也存在一些问题(见图 3-21)：

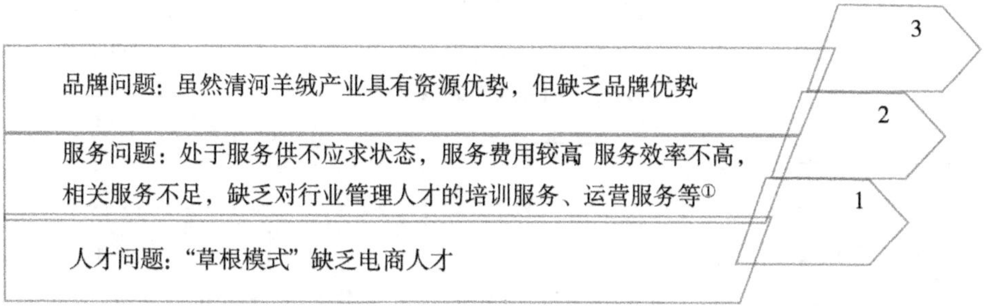

图 3-21　清河电商存在的问题①

(1)人才问题。清河电子商务是独特的"草根创业"模式，但随着电商的发展，草根创业者的内在能力已不能完全跟上外部环境的发展变化，这种模式面临着如何提升的新课题。原有人员已不足以满足清河电商未来的发展需求，但清河对外来人员的吸引力不够，即使有人才流入也会在一定时间内离开，如何才能吸引人才并留住人才将是清河未来人才问题的一大难关。

(2)服务问题。电子商务高效运转，与物流、仓储、运营、售后等一系列服务型工作不可分割。清河已建立了大型物流园区，但要实现其高速运转还需进一步努力。电子商务总体处于服务供不应求状态，服务费用较高，比如到村镇的快递仍需要附加费用；服务效率不高，交通等条件限制会严重影响送货速度；相关服务不足，缺乏对行业管理人才的培训服务、运营服务等。

(3)品牌问题。清河发展电子商务主要依托的是当地的羊绒产业，清河在羊绒产业上有资源优势、产品优势，但没有品牌优势。虽然近年来清河加大了发展力度，培育出"华家那""雅宝思蒂""傲马 · 云台"等品牌，但整体上这些品牌仅限于河北省内，并没有成为全国知名品牌。在这种情况下无论是传统企业发展电子商务还是创业者利用电子商务平台自主创业，都会在一定程度上受到限制，从而县域电子商务的整体发展受到或多或少的制约。

5. 清河电子商务发展对策

基于对清河电子商务发展状况的分析，立足于该县实际情况，本书提出以

① 张一荻．清河县电子商务发展现状及对策研究[J]．商，2015(29)：94.

下清河电子商务发展对策(见图 3-22)，以促进清河电子商务的快速发展。

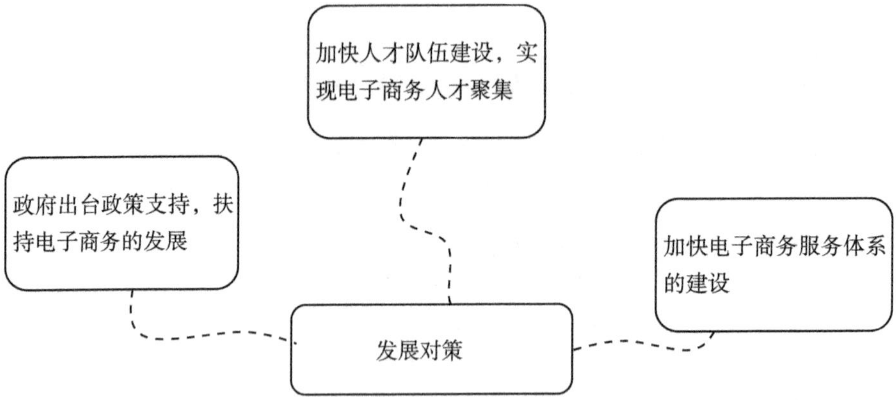

图 3-22　清河电子商务发展对策

(1)政府出台政策支持，扶持电子商务的发展。目前，清河已经出台了一系列相关政策，并且取得了相应的成绩。但随着电子商务市场的竞争越来越激烈，仍需要清河政府予以大力支持以进一步强化已取得的成果。在政府的统一领导下，相关职能部门应相互配合，对扶持电子商务发展的政策进行梳理整合，结合部门职能出台配套政策，进而加快出台全县电子商务整体规划，从财政、税收、土地、社保等多方面加大支持力度。

(2)加快人才队伍建设，实现电子商务人才聚集。电子商务得以快速发展的关键条件之一是人才。因此，清河电子商务的发展一定要注重人才的培养与引进。清河目前有几个培训机构在支持其网商的发展，但也要注重知识的更新与技术的升级。电子商务企业骨干可以到淘宝大学等培训机构进一步学习专业知识与技能，同时可以校企联合，鼓励大学生去清河电子商务企业实习就业，鼓励开展电子商务创业，进而引进电子商务高端人才。对于县优秀企业和电子商务领军人才予以表彰，避免电子商务企业人才流失，从而实现人才聚集，扩大人才聚集效应。

(3)加快电子商务服务体系的建设。健全的电子商务服务体系对促进县域电子商务高效运转、持久经营有着重要作用。清河电子商务服务体系的建设，包括产品设计、网络推广、视觉设计、人才培训、物流服务及售后服务等。企业致力于产品创新，扩大品牌效应的同时，要注重电子商务服务市场建设；政府要高度重视电子商务园区的建设与使用，充分发挥园区一体化带来的规模效应，尤其要重视物流业的发展，注重数量的同时还要保证服务质量。

6. 清河模式的启示

传统产业发达的地域，其企业的自我发展意识和能力很强。政府只要营造好电商氛围、整合好电商生态，通过树立一批典型，就有望实现“多米诺骨牌”效应。但是，由于产业相同，产品类似，这种地域在发展电子商务的过程中，要注意做好行业自律和政府监督，引导企业创新发展，走品牌化和差异化竞争之路，不要陷入“价格战”这种低层次的竞争，否则将给各家企业，最终也将给整个地域带来不可估量的损害。这种模式适用于有发达的传统产业的地区，尤其是消费品产业占优势的地区。

3.5　山东博兴模式

1. 博兴模式的基本情况

博兴县地处燕山运动断裂带，渤海凹陷西南边缘与泰沂山区山前冲积平原的交接地带。县境位于山东省滨州市东南部，东邻东营市的东营区与广饶县，南接淄博市临淄区与桓台县，西与淄博市的高青县接壤，北与滨城区相连，并隔黄河与东营市利津县相望。南北长 45.8 公里，东西宽 29.5 公里。博兴县辖 9 个镇，3 个街道办事处，1 个省级经济开发区。

最近几年，博兴县采用了新的思维方式，即“互联网+”的战略思想，大力发展电子商务，以努力创建全国电商百佳县作为目标，致力于经济转型，从稳定增长速度、增加居民就业率、给人民提供优惠三个方面入手，有效扶助电子商务，使其能够快速、稳健地发展。现在，博兴县已经建立了电商工作体系的基本框架，该体系把政府作为指导者，把企业作为主要执行者，采用了科学的管理方法，由所有部门一起行动，对市场进行管控，从而提供优质的服务。已经建立了电商发展体系，该体系遵守市场经济发展的基本规律，同时还有很强的博兴地方特点。博兴县已经建立了电商组织网络，此网络覆盖面广、涉及领域很多，把县级作为网络核心，由镇、村、企共同合作进行发展。此外，博兴县还建立了电商模式，此模式个性鲜明、影响力大。电商现在已经成为博兴县的一种新标志。

博兴县是闻名遐迩的中国优质西红柿之乡、中国草柳编之乡，也是胶东调水工程渠首所在地和胜利油田原油主产区。博兴县先后获得“中国产业百强县”“中国产业集群经济示范县”“全省生态文明乡村建设先进县”等荣誉称号，金属板材产业入选“中国县域产业集群竞争力 100 强”。

2. 博兴电子商务的四大支撑

在电子商务发展过程中，博兴县委、县政府扮演着极其重要的角色，它们不单单是引导者，还是助力者、监管者，因此，它们根据经济发展的真实情况，切实寻找着手点，增强了“四大支撑”的作用，为电商的发展创造了良好的条件。这“四大支撑”见图 3-23。

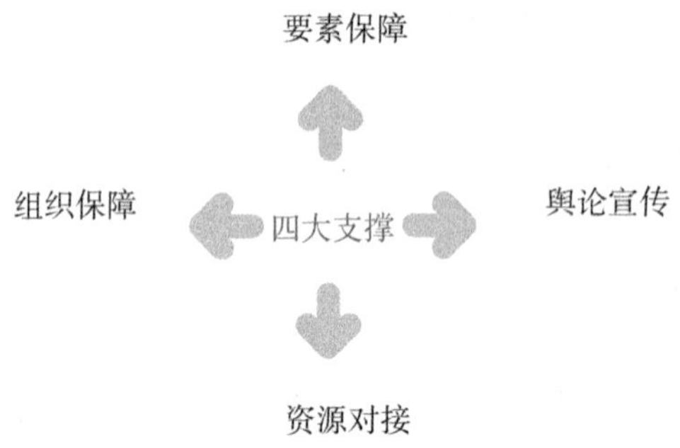

图 3-23　博兴电商的四大支撑

①组织保障。成立电商领导小组，由县长担任组长，建立专门的机构，组派专职工作人员，并将电商列入全县的考核系统中。

②要素保障。订立 4 个配套文件，建立电商发展专项资金，每年注入 300 万元资金，同时，针对人才、科技这两方面现已建立两个 1000 万元基金，并将电商列为这两个基金的重点。加大基础设施的构建，让所有村都接入宽带网络中，让每个人都可以接收到 4G 移动信号；坚持进行道路改建，完善公路网，实施三通工程，将公路直接修到家家户户的门口；吸引一些有名的物流公司入驻本县，使物流配送更方便。

③舆论宣传。通过使用各种媒体，增强电商的推广效果，采用多种方式、从不同渠道传播电商知识，增强农户的电商意识，调动他们的积极性，为全县电商创造发展条件。

④资源对接。和大型的互联网企业合作，经常进行沟通，以弥补自身的不足之处；认真设计、建立电商产业园，例如顾家老粗布电商产业园选址于城东街道，是全国最大的老粗布集散地，同时，影响到了周围村、县，增加了他们

的就业率，使博兴老粗布远近闻名。除此之外，草柳编电子商务产业园共计耗费资金 5 亿元，选址于锦秋街道，目前已经成功完成了 A 区的建设，并投入使用，该产业园把博兴县范围内所有的相关电商企业都联系了起来，有效提高了各种资源的利用率，增加了企业的风险应对力，提高了其收入水平，给从事草柳编行业的企业提供了新的发展思路。

3. 博兴县电商存在的问题(见图 3-24)

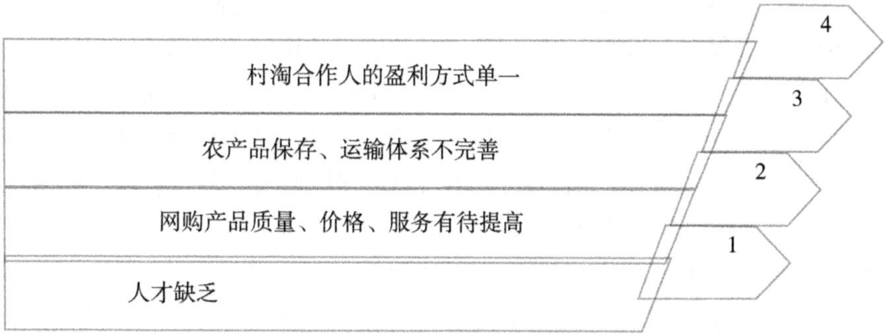

图 3-24　博兴电商存在的问题

(1)人才缺乏。在博兴县农村淘宝发展的过程中，有许多问题阻碍了其发展进程，其中一个很显著的问题就是缺少专业人才，同时，还存在相关的从业人员大多岁数较大、学历低，而且可供挑选的人员少等问题。在挑选村淘合伙人的过程中，主要是选择村委会人员、个体工商户，这是因为这类人具有某些特点，如有良好的群众基础、掌握了计算机技术、能够很好地把自身业务、农村淘宝融合成一体。不过这种做法也存在一些弊端，如有局限性，很难进行创新。所以在电商发展过程中缺乏人才是最主要的问题之一。

出现这种现象的主要原因有三点：首先，青少年一般都有较好工作，而且这些工作的收入比较稳定，他们不希望抛弃原有工作，然后参加这种高风险的工作，同时，企业支付的工资不足以让他们选择冒险；其次，竞选村淘合伙人的消息宣传不到位，有些村民在收到该信息的时候，往往已经错失了竞选的机会；最后，农村淘宝还属于起步时期，合伙人的平均盈利水平不高，所以，很多合伙人选择了转业。

(2)网购产品质量、价格、服务有待提高。网购具有商品种类丰富、可供挑选的品种多、价格便宜等优点，不过其也有一些缺点，如质量良莠不齐、商品描述与实物不符等。因为购买者看不到实际产品，只能通过商家的文字、图片描述，以及其他买家的文字、图片评论等方式获得产品信息，但是这些方式具有很强的主观色彩，并不一定反映了商品的真实信息。此外，部分产品存在以次充好的现象，这些现象造成了购买者拿到的实物不符合预期标准，因此，会经常出现退换货现象。村淘合伙人需要推广自己的产品，让更多的农户接触、相信网购，不过有时候只要一件产品出现了质量问题，那么农户就会不再信任网购。因此要对实际产品进行展示、严格管控产品质量、加大监督力度、对违规商家进行罚款等，以便解决产品质量问题。

(3)农产品保存、运输体系不完善。村淘的出现从根源上有效推动了物流行业的发展，完善了物流网络，使电商成功完成了从市到村的发展。不过，目前村淘还面对着一个难题，即需要支付较高的快递成本。博兴县如果想要将农产品卖得更远，就应该建立健全完善的运输贮存系统，减少物流耗费的成本，只有这样才可以让利给农民，调动农民的积极性，让他们使用村淘售卖农产品。

(4)村淘合作人的盈利方式单一。村淘合伙人的工作累、任务大，他们是农村淘宝的实施主体，他们也是村淘开拓农村市场的关键。这些合伙人的获利方式单一，其主要方式为帮村民购买所需物品，并从中抽成约 6%的佣金，因为代购的物品价格较低、数量不多，所以这些合伙人的盈利水平过低。

4. 完善发展博兴县农村电子商务的对策(见图 3-25)

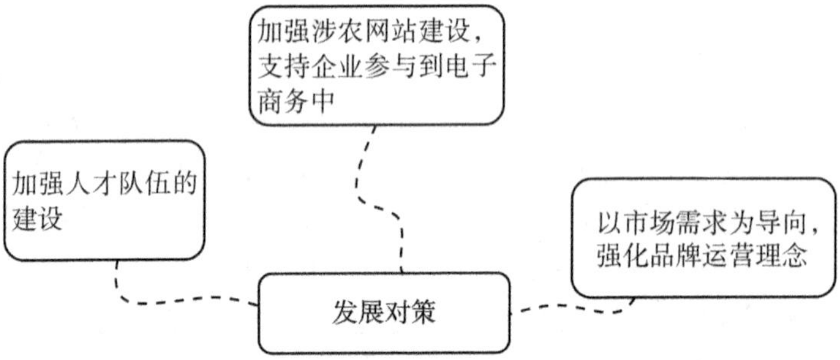

图 3-25　博兴县电商发展对策

(1)加强人才队伍的建设。为了加快当地的电商发展，必须加强高校电商方面的师资配置。首先，省政府和当地教委应该大力支持和鼓励电商培训学校的建立，山东省的各大高校也应该发挥其资源优势以及培养电商人才主要通道的作用，在高校内设置农业相关的电商专业。其次，政府和高校应该重视农业电商方面的教师引进，按照国家以及省政府的规定，尽可能地为这些教师提供优惠的福利待遇，加大资金投入和支持，鼓励教师在农业电商领域展开科研工作，提高其从事农业电商教学以及科研的积极性，并建立一支高素质的发展农村电商的人才队伍。另外，政府还要注重对从事农业信息管理以及农村电商业务的人才的培训。一是要加强对从事农业信息管理的人员的培训，使其搜集、梳理、分析以及公布农业信息的水平得到提高。二是要重视对农村从事电商业务的农民进行知识和应用培训，面对广大农民推广农业相关的电商知识，使其对农副产品生产以及销售中的电商应用有充分了解，也能够使其在日常生活中充分利用电商。

(2)加强涉农网站的建设，支持企业参与到电子商务中。第一，要大力改革和完善政府创建的农业信息系统，加强农业电子商务网站的服务功能，不管是省级建设的农业电商网站还是各县市创建的电商系统都需要提升其知名度，需要政府部门大力扶持并通过网络媒体进行宣扬，逐步改革和完善电商系统的功能，还需建立客户体验程序，提升农业电商网站的可操作性。第二，要大力扶持农村合作社建立属于它们自己的农业信息系统，对于业绩突出且综合能力排名靠前的优秀电商公司，政府部门应当积极响应国家号召，在财力、人力和物力上为其提供帮助，并积极协助农村合作社或者涉农网站进行资源整合以实现信息共享和系统的同步更新。第三，通过各大门户网站的在线交易系统，扩大其经营范围，加强电商和消费者之间进行沟通的频率，以减少第三方成本的产生，缩短消费者和供应链之间的距离，从而提升消费者的满意度，增加企业的收入。

(3)以市场需求为导向，强化品牌运营理念。要根据消费者的实际需求去安排农产品的生产加工和销售，为消费者提供绿色优质的农产品。为了满足消费者不同的需求，应当划分销售范围，确保市场定位准确，从而一击即中。与此同时，还需提高农民和农产品加工方以及电子商务公司和销售市场之间的沟通和合作，协助电商企业加速对农产品实现包装升级和打通销售渠道，让其在残酷的竞争中立于不败之地。另外，电子商务公司也应该重点关注品牌商品的注册，必要时可通过知识产权的方式来维护自身的品牌形象，使得品牌文化深入人心，从而占据更多的电商市场销售份额。

5. 博兴模式的启示

一是传统外贸的及时转型，二是要发挥人才的关键作用，三是产业园区与线上的结合，四是政府的及时引导与提升。

3.6　吉林通榆模式

1. 通榆模式的基本情况

通榆县隶属吉林省白城市，地处科尔沁草原东陲，通榆县境东与乾安县相接，西与内蒙古自治区科尔沁右翼中旗为邻，南与长岭县相连，西南与内蒙古自治区科尔沁左翼中旗相交，北与洮南市为邻，东北与大安市接壤，是典型的东北农业县，是我国著名的“杂粮杂豆之乡”，绿豆、葵花等多项农产品的产量居全国之冠。

为发展电子商务，2013 年末在当地县委县政府的鼎力支持和深入参与下，由社会力量投资成立了一家电商公司，形成的电商模式是：生产方+电商公司。该公司在当地具备相对比较好的电商运营能力，属企业性质。跟“遂昌模式”中的“服务商”类似，电商企业也是“通榆模式”的核心：它左手整合生产方(农户、生产基地、合作社或农产品加工企业等)的产品(小米、绿豆、燕麦和竹豆等)，右手经淘宝平台卖出。这一项目于 2013 年 10 月启动。在短短一年时间内，“通榆”这个名不见经传的小县开始进入全国消费者的视线，并作为全国第三个农村淘宝的试点县，被阿里巴巴纳入“千县万村”的发展战略。

2. 通榆模式的关键特点

(1)以网上直销为主，也有少部分产品经网络分销商卖出，且多是外地的网络分销商。

(2)注册了统一的品牌“三千禾”来统一所有农产品的包装、销售和服务。

(3)县委县政府从各部门抽调精干力量组成了“通榆县电子商务发展中心”来全力配合电商公司的工作。

3. 通榆模式现存问题(见图 3-26)

(1)干旱少雨，农作物生长受限。吉林省通榆县地处吉林省西部，地理位置偏远，常年干旱少雨，导致该地区土壤严重沙碱化，农作物的生长在很大程度上受到限制。2017 年 7 月，在吉林省多市发生洪涝灾害的情况下，通榆县仍然受干旱的影响，直接制约了当地当季农作物收成。

(2)电子商务氛围不浓，参与度较低，发展受限。在通榆县内，大部分农民对网络购物缺乏足够的认识，普遍存在不会使用电脑、支付宝、微信等交易

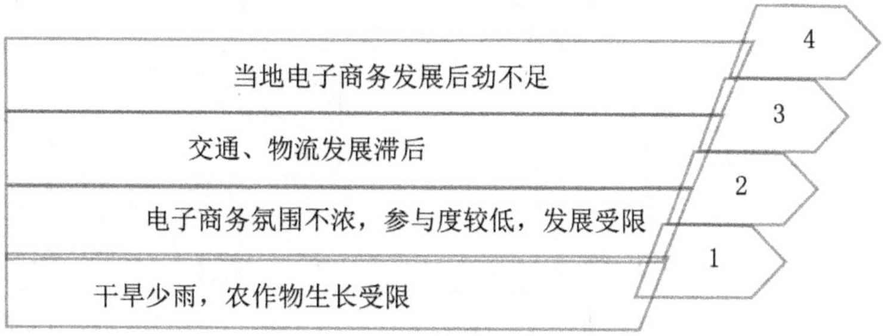

图 3-26 通榆模式存在的问题

工具的现象。且农民对于新事物的接受能力较低，比较依赖传统市场的交易，主动利用电子商务的意识相对薄弱，参与度较低。这样在极大程度上限制了电子商务人才的培养。人才的匮乏直接制约了通榆县电子商务精准扶贫的开展和推行。

(3)交通、物流发展滞后。吉林省通榆县仅开通镇有三等火车站，占地面积小，途经列车少；除此之外只有汽车运输，客车班次少，抵达地点仅限周边城镇；公路坎坷不平，路面较窄，不便货车通行。物流体系不完善，当地仅有中国邮政——通榆县电商物流分拨中心一家仓配中心，限制了农产品的流通。物流网点少，配送速度慢，直接导致了网上交易同现实配送之间产生较大时滞，实体配送落后于网上交易需求。

(4)当地电子商务发展后劲不足。吉林省通榆县信息化建设比较早，2011年就被确定为吉林省电子政务试点县。开展初期，通榆县委、县政府授权该地区电子商务发展中心在天猫上建立了“三千禾旗舰店”。旗舰店上线不到2个月共实现网上销售额190多万元。而后相继创立的“大有年”“云飞鹤舞”“放心粮”APP品牌，短期内在业界产生了很大的反响。

而如今，县城内个体电商非常少，三千禾旗舰店已从天猫下架，“大有年”等APP品牌均已在百度百科中搜索不到，当地电子商务发展后劲不足。

4. 通榆电商发展对策(见图3-27)

(1)提高农民电商素质，加大产品宣传力度。一方面，电商精准扶贫的通榆模式本身具有“政府背书”的特点，即政府为农民做产品信用担保，使农民与电商平台建立合作关系，以激活通榆经济。政府在大力促进农村电商建设的同时，应当积极地组织农民了解国家、地区的相关政策并学习电商技术，有效

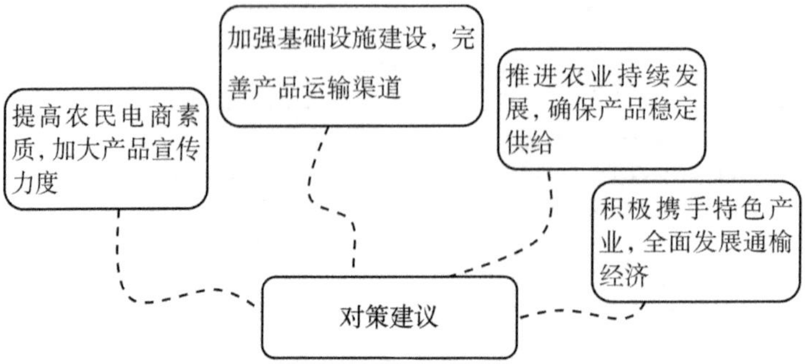

图 3-27　通榆电商发展对策

促进电商精准扶贫工作开展，高效促进通榆经济发展。另一方面，通过线上线下等多种宣传方式，让消费者深入了解通榆县农畜产品生产、加工、包装等一系列环节，让消费者更加了解通榆产品的质量，从实质上扩大产品销售市场，提高产品销售量。

(2)加强基础设施建设，完善产品运输渠道。首先，政府应当修缮县城道路，加强通榆县与外界的联系，创造良好的通榆运输环境；其次，在通榆县现有的物流运输基础上，通榆电商应当努力与物流快递公司建立合作关系，争取当地政府的支持，在县城内建设大型物流运输中心，形成规模运输，在降低产品运输成本的同时确保农畜产品质量。

(3)推进农业持续发展，确保产品稳定供给。针对土壤养分下降、土地“三化”等环境问题，通榆县应当合理规划建设用地、耕地、林地等土地用途，使其各自占据合理比例。第一，加强当地农林业监管，保护现有农林用地不受损害；第二，在扩大耕地建设的同时，以种草治碱、植树治沙等方式促进生态环境建设，保护耕地，推进农业可持续发展，最终实现通榆县农畜产品的稳定供给。

(4)积极携手特色产业，全面发展通榆经济。通榆县在凭借“互联网+农业”双重优势大力发展电子商务的同时，应当建设其他特色产业，如以向海景区为代表的旅游产业以及风电产业等。改变单一经济发展模式，以多种渠道更好更快地实现精准扶贫，全面促进通榆经济发展。

5. 通榆模式的启示及应用

政府整合当地农产品资源，系统性委托给具有实力的大企业进行包装、营销和线上运营，地方政府、农户、电商企业、消费者及平台共同创造并分享价值，既满足了各方的价值需求，又带动了县域经济的发展。通榆模式适合电商基础薄弱，产品品牌化程度低，当地小网商稀少的区域。

3.7 江苏沙集模式

1. 沙集模式的基本情况

沙集镇，徐州市睢宁县辖镇，位于徐州市东南部，睢宁县东部，全镇总面积66平方千米，东临宿迁，西靠徐州，南接安徽，北望山东。沙集镇是徐州市“国家级重点中心镇”，“徐连经济带”的中心地区。

江苏省沙集镇的村民过去大多从事传统的种植、养殖和粉丝的生产加工，曾有一段时间，回收废旧塑料甚至成为村民们赚钱的主要营生。2006年末，苏北睢宁县沙集镇尝试在淘宝网上开店创业，后试销简易拼装家具获得成功，引得乡亲们纷纷仿效。随着电子商务在本地的快速发展，不产木材的沙集镇，居然形成了规模可观的家具加工制造业，品类齐全、各式各样的家具在这里几乎都可以制作。从一个村的聚焦到一个镇的繁荣，沙集镇有淘宝网店3040家，其中天猫商城126家。

“沙集模式”指的是这样的一种模式，即：农户自发地使用市场化的电子商务交易平台变身为网商，直接对接市场；网销细胞裂变式复制扩张，带动制造及其他配套产业发展，各种市场元素不断跟进，塑造出以公司为主题、多品种并存共生的新商业生态；这个新生态又促进了农户网商的进一步创新乃至农民本身的全面发展。“沙集模式”的核心要素是“农户+网络+公司”，要素间相互作用、滚动发展，形成信息网络时代农民的创业致富新路。

2. “沙集模式”中的三大要素

农户，不再是与大市场相隔离、只能依靠别人提供的信息或靠惯性被动盲目生产的弱势小生产者，而是在自己家中就可以直接对接市场、主动掌握信息，自主经营按需生产的平等的市场主体。

网络，不再是由政府主导、国家投资、官办机构管理、农户却不太买账的信息网络平台，而是市场化的公共电子商务交易平台和农户从事网销既不要国家财政一分钱，自身应用成本又低且实效显著的网络。

公司，不再是外加在农村经济之上，控制农户生产，经常与农争利的传统公司，而更多是土生土长、农户变身而来的新公司，以此为基础吸引其他市场元素跟进，形成了一个为农户网商服务共生多赢的新生态。

“沙集模式”中的三大要素间存在逻辑关系。其中，由农户到网络，体现了“沙集模式”是农户自发、主动应用既有的公共电子商务平台的特点。这是一种农民用户主导、自下而上的信息化应用，区别于那种常见的由政府主导、自上而下的电子商务推广模式。由网络到公司，体现了“沙集模式”由网销带动加工制造，以信息化带动工业化和农村产业化的典型路径特征，区别于那种农村常见的“先工业化、再信息化”的发展方式，或电子商务不改变原有生产结构只作为辅助销售手段的应用模式。由公司到农户，体现了“沙集模式”以公司为基础、以市场化的新生态服务并促进农民网商进一步成长的关系，区别于以前公司凌驾于农户之上的不平等关系。三个环节循环往复，像滚雪球一样，推动沙集这个以网销为龙头的产业群快速发展壮大。

3.“沙集模式”的主要特征(见图 3-28)

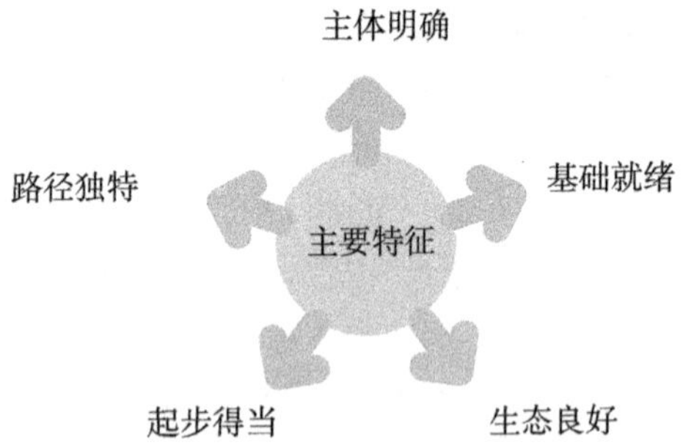

图 3-28　“沙集模式”的主要特征

(1)路径独特：农民自发开网店→细胞裂变式复制→网销带动工业→其他产业元素跟进→激发更多的农户网商创新=产业链不断拓展/规模迅速扩张/经济社会发展。与其他地方常见的农村电子商务的发展路径相比，它特别具有以信息化引领发展的典型意义。

(2)主体明确：“沙集模式”以农户为主体，农民网商在发展中起了主导作用。特别是新一代创业型的农民网商在其中发挥了巨大和连续不断的示范效应。农户间关系形成的农村特有的社会土壤带来了一种新型的竞争合作关系。与城市迥然不同的农村社会关系所形成的社会资本对网商裂变式的快速复制起到了重要的促进作用。

(3)基础就绪：以淘宝网为代表的市场化公共电子商务基础设施，现在已经发展成熟。网商在淘宝集市开店，不用花钱。淘宝鼓励任何人在其网络平台上开店。网商进入市场的门槛极低，正是电子商务基础设施就绪的表现。加上现在一般农户买电脑、上网也不算难事。这些基础条件的就绪，也是“沙集模式”的重要特征及其得以成功的条件。

(4)生态良好：物流、电信、IT、供电、信贷乃至政府等各环节、各物种自我定位明确。如访谈时很多人自己所说，主要是两个定位：“服务的提供者”和“发展的受益者”。特别是其中政府的“不缺位、不越位”，起到了非常关键的作用。网商顺利发展的时候，放手让其发展；碰到问题的时候，帮助其解决问题。例如，沙集带头开网店的孙某要扩大生产，土地是个问题，他自己解决不了，政府便出面帮其协调。

(5)起步得当：沙集网商经过摸索，最后选择以家具作为起步产品。以这种产品切入市场是选择得当的：市场进入的门槛低，需求容量大，利润空间明显，又有新的拓展前景。比如，家具的品种多样，有板材的、实木的，低档的、高档的，弹性空间非常大。这就使产业的发展具备了很强的容纳性和快速扩张的条件。

4. 沙集模式的启示及应用

县域要想“无中生有”发展新产业及电子商务，对于经济基础良好、电商发达的地域来说也许还好做些。但对于经济基础和电商都欠发达地区来说，就面临着“既要培育电商，又要培育类目产业”的双重压力。除非像沙集的简易家具产业一样，所选类目的进入门槛不高，否则采取这种模式发展电子商务的难度很大。但是，正是由于进入门槛不高，这个模式又很容易导致县域企业进入“红海”市场，遭遇白热化的竞争。从长期来看，这对县域企业的创新能力、行业的运营效率和成本控制能力提出了不低的要求。沙集模式比较适合传统产业都不突出的地域。

第4章　中国农村电子商务企业精准扶贫模式研究

4.1　阿里巴巴淘宝村模式

4.1.1　淘宝村模式概述

淘宝村是阿里巴巴农村电商的全新战略，指的是大量网商聚集在农村，以淘宝为主要交易平台，形成规模效应和协同效应的电子商务生态现象。简单地说就是最小以行政村为单位，村民为经营个体的一种模式。淘宝村是中国农村经济和电子商务发生核聚变的典型产物，以淘宝网为代表的第三方电子商务平台为农民提供了低成本的网络创业途径。随着电子商务在中国的发展，浙江、广东、江苏、河北、陕西等地农村出现了一批专业的“淘宝村”。村里的农民几乎家家户户都以在淘宝上开店为生，成了不折不扣的网商。据阿里研究院报告，截至2016年，评选出了1311个淘宝村，135个淘宝镇。

淘宝村模式主要由农村网商、电子商务交易平台以及消费者三部分构成(见图4-1)。一般来说，它具有连接市场和商家，融供产销于一体、组织结构稳定、能够最大化实现困难群众受益的特点。但另一方面，它的集约化水平较低，各商户之间的交流合作存在一定阻碍。

4.1.2　淘宝村的形成原因

1. 电子商务加速向农村渗透

如今随着疫情的影响，全球化和贸易自由化进程中的风险和不确定性因素日益增多。以电子商务为代表的数字经济在推动国内经济社会发展方面发挥了重要作用。

2019年，全国电子商务交易额达34.81万亿元，网上零售额106324亿元。

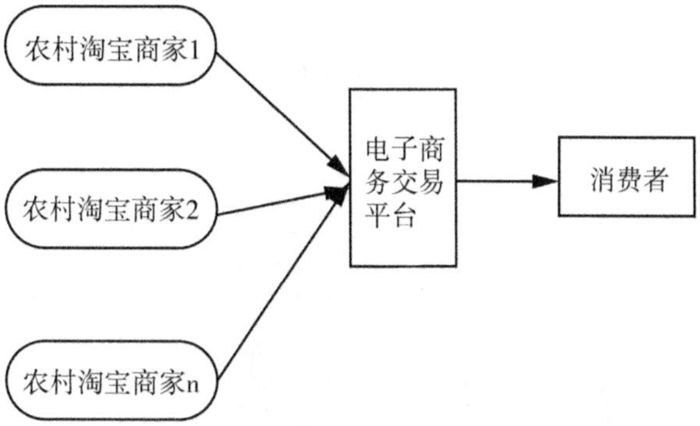

图 4-1 淘宝村模式的基本构成

其中，实物商品网上零售额 85239 亿元，增长 19.5%，占社会消费品零售总额的比重为 20.7%；电子商务从业人员达 5125.65 万人。

以“双十一”为例，2017 年天猫“双十一”交易额 1682 亿元，2018 年天猫“双十一”全球狂欢节全天成交额突破 2000 亿元大关，达 2135 亿元。2019 年“双十一”天猫全天成交额为 2684 亿元。成交额连续多年的持续增长充分显示了淘宝对于传统零售业和中国经济的冲击和影响。

同时互联网和电子商务开始加速向农村渗透，根据 CNNIC 统计，截至 2019 年 6 月，我国网民规模达 8.54 亿，较 2018 年底增长 2598 万，互联网普及率达 61.2%，较 2018 年底提升 1.6 个百分点。农村网民规模为 2.25 亿，占网民整体的 26.3%，较 2018 年底增长 305 万。

近年来，随着农村电商的快速发展，农村网店数不断增长，带动就业人数一路飙升。统计数据显示，2017 年农村网店达到 985.6 万家，较 2016 年增加 169.3 万家，同比增长 20.7%，带动就业人数超过 2800 万人。2018 年农村网店达到 1200 万家，带动就业人数超过 3500 万人(见图 4-2)。

2. 第三方电子商务平台降低了农民网络创业的门槛

以淘宝网为代表的第三方电子商务平台为农民提供了低成本的网络创业途径。据阿里研究中心统计，截至 2019 年 6 月，全国共有 4310 个淘宝村、1118 个淘宝镇。淘宝村已经广泛分布于 25 个省、自治区、直辖市。从全国各省市淘宝村数量榜单来看，大部分淘宝村位于东部沿海地区，中西部和东北地区淘宝村达到 150 个。浙江的淘宝村超过 1500 个，遥遥领先。广东和江苏分别以 798 和 615 个淘宝村位列第二、三名。

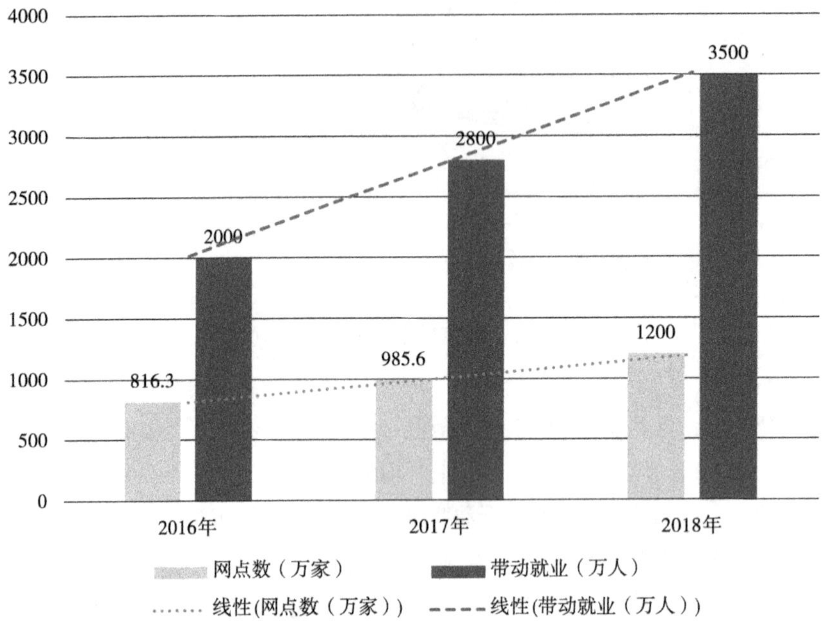

图 4-2　农村网商数量高速增长

3. 农村的社会属性更适宜网商群体发展

中国农村是一个区别于成熟市场经济的特殊形态社会。社会学家费孝通曾经指出，中国传统的乡村社会是“熟人社会”，熟人社会不仅有公认一致的规矩，而且信息全对称。

这种“熟人社会”对于网商的成长和扩散，具有天然的优势。一个农村网商先发展起来，就会形成涟漪效应，向周边的亲友、邻居扩散，最终形成具有规模效应的淘宝村，国内淘宝村的成长历程无不如此。

反观城市中的居民社区，尽管人口密度更大，但却是一个“陌生人社会”，居民之间来往较少，存在严重的信息不对称，因此，在城市中较少出现同类网商自发集聚发展的现象。

4. 农村基础设施持续改进

物流匮乏、宽带不畅、交通不便，是广大农村地区普遍面临的基础设施难题，这也是形成城乡数字鸿沟的客观原因。国家各级政府加大对农村地区的扶持力度，涵盖公路、电力、用水、电话网、有线电视网、互联网等在内的“村村通”工程的实施，对农村地区的基础设施改善发挥了重要作用，也为农民升级做网商创造了便利条件。

不过，需要指出的是，在淘宝村和基础设施之间的关系方面，前者是因，后者是果。多个淘宝村的案例表明，往往是淘宝村的出现，刺激了对基础设施的巨大需求，进而加快了基础设施的建设速度。例如在江苏省睢宁县沙集镇东风村，在当地农民网店快速增长期，当地电信基础设施无法满足农民装宽带的巨大需求，出现了农民排队装宽带的现象，同许多地方运营商在农村地区装宽带必须大力推广才能有成效的状况形成鲜明对比。

5. 电子商务带头人的关键作用

中国有数以万计的行政村，具有特色产业和资源优势的农村也不在少数，但为什么只有少数农村发展成为淘宝村？其中一个重要的原因是电子商务带头人的存在。

优秀的电子商务带头人，在淘宝村的形成过程中起到了重要的启蒙和催化作用。例如，江苏省睢宁县沙集镇东风村的“三剑客”、河北省清河县东高庄的刘玉国、浙江省缙云县北山村的吕振鸿等，他们的共同特点是善于学习、勇于尝试新生事物，并乐于分享，能够起到“先富带动后富”的作用。

相比电视、报纸、网络上的创业故事，农民更相信身边活生生的成功案例的力量。

4.1.3 淘宝村发展历程

“淘宝村”一词最早见诸报端，是在 2009 年媒体关于江苏徐州市睢宁县沙集镇东风村的报道中，这个苏北的小村庄原本并没有家具产业，但在几年时间里，当地已经形成一个以数千名网商为核心，周边辅以快递、代运营、五金配件、原料和包装供应等服务商的生态圈，极大地带动了当地农村经济的发展。和东风村同时期崛起的淘宝村还包括河北清河县东高庄、浙江义乌市青岩刘村。在东风村、东高庄、青岩刘村之后，国内淘宝村的发展呈现雨后春笋之势。淘宝村正在经历从点到面的跨越，成为一股不可忽视的农村新经济浪潮。

2017 年 12 月，第五届中国淘宝村高峰论坛在山东省菏泽市举行。论坛宣布，2017 年，全国淘宝村数量已达 2118 个，淘宝镇达 242 个，淘宝村活跃网店超过 49 万个，带动直接就业机会超过 130 万个。淘宝村发展历程见图 4-3。

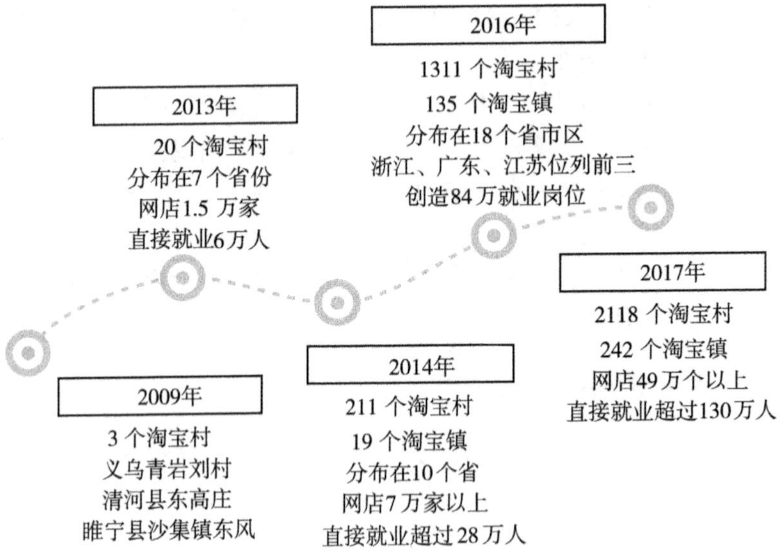

图 4-3　淘宝村发展历程

淘宝村经过了从预热、快速膨胀到稳定发展等几个重要的过程。贫困地区淘宝村的大量涌现，一定程度上改善了农民生活水平，为我国农业产业变革和农村经济增长作出了重要的贡献，已逐渐成为影响中国农村经济繁荣的一股不容忽视的新兴力量。

4.1.4　淘宝村的主要特点

1. 农民网商占据主导地位

从电子商务发展的驱动主体上看，淘宝村模式是农户自己变身为网商直接对接市场，并在当地农村电子商务的发展中起了主导作用。与其他农村电子商务模式相比，淘宝村模式同网商经纪人驱动模式、龙头组织驱动模式有显著不同。在以四川青川赵海伶、河南辉县杜千里为代表的网商经纪人驱动模式中，经纪人扮演着沟通农户与网络的作用，网商经纪人从农户手中收购产品，进行网络交易，农户并不直接面对消费者；在以浙江遂昌网店协会、福建南安世纪之村为代表的龙头组织驱动模式中，龙头企业和协会是当地农村电子商务的主导者。

2. 集群性

在国内已发现的淘宝村中，一个普遍的现象是，淘宝村的网商大多经营同一品类产品，形成了一个网络产业集群。例如，东风村网商主营板材家具，灶美村网商主营藤铁工艺品，湾头村网商主营草柳编家居用品。这种集群性可显著增强该地区网商的群体竞争力。

3. 协同性

协同性则是农村网商的一大特质。得益于农村“熟人社会”的社会属性，淘宝村的网商在互相竞争的同时，也体现出显著的“协同性”，主要体现在产品内部流通、经验分享等方面。

4. 淘宝村的可复制性

与农村电子商务的其他模式相比，应该说，淘宝村更具有可复制性。

4.1.5　淘宝村的分类

以淘宝村形成的路径依赖为依据，可将其划分为货源依赖型、产业依赖型、产业引领型、规划引进型等 4 类(见图 4-4)。

货源依赖型淘宝村	货源依赖型淘宝村，是指村落依赖附近充足的流通货源而发展形成的淘宝村
产业依赖型淘宝村	产业依赖型淘宝村，是指村落依赖当地特有的产业基础而发展形成的淘宝村
产业引领型淘宝村	产业引领型淘宝村，是指村落通过淘宝引领着当地的产业变革、转型、升级，从而催生了新的产业
规划引进型淘宝村	规划引进型淘宝村，是指相关机构通过规划设计，打造产业链完善的服务平台，再有针对性地引进电商企业形成集群效应明显的“淘宝村”

图 4-4　淘宝村的类型

(1)货源依赖型淘宝村。货源依赖型淘宝村，是指村落依赖附近充足的流通货源而发展形成的淘宝村。如浙江义乌青岩刘村、广州白云区犀牛角村等，这类淘宝村附近都有货物转运站、批发市场。浙江义乌是我国最大的小商品批发市场，青岩刘村坐落在义乌最大的货运市场东江货运市场附近，批发市场上的货物大部分通过东江货运市场流通、转运，这为青岩刘村发展淘宝提供了充足的廉价货源，同样，广州白云区犀牛角村靠近沙河服装批发市场。大量物美价廉的商品为淘宝村的形成提供了充足的货源，这也成为吸引当地村民和外地创业者加入淘宝开设淘宝网点的关键要素。当地网商能够以团购或者批发的形式拿到更为低廉的商品，为电子商务的发展提供了先决条件。有了充足的货源，再加上有淘宝带头人造富效应的影响，整个村便相互模仿开设淘宝网店。淘宝网店的兴起产生了规模化的集群效应，吸引了物流公司、网络运营商、专业摄影人才等进驻，从而逐步形成产业链完整的淘宝村。

(2)产业依赖型淘宝村。产业依赖型淘宝村，是指村落依赖当地特有的产业基础而发展形成的淘宝村。如山东滨州湾头村、鄂西北勋西下营村、广州番禺区里仁洞村、揭阳军埔村等，各村都拥有各自特有的产业资源。山东滨州湾头村继承传统柳条手工技术，能将柳条加工成各种工艺品，拥有柳条种植、加工，工艺品批发、销售等完整的产业链基础。受益于淘宝网商，柳条工艺品得到很好的销售。当地村民发现淘宝网商的造富效应后纷纷效仿，大量淘宝网店的开设既吸引了电商服务企业的加入，并形成完整的电子商务产业链，又促进了当地手工艺产业的发展和转型升级。同样，鄂西北勋西下营村有绿松石的产业基础，广州番禺里仁洞村依赖当地的服装和玩具产品，揭阳军埔村则得益于当地的服装、玩具、果脯的生产。

(3)产业引领型淘宝村。产业引领型淘宝村，是指村落通过淘宝引领着当地的产业变革、转型、升级，从而催生了新的产业。如江苏徐州市东风村、江苏宿迁市大众村等。这类淘宝村的带头人率先发现淘宝商机，根据市场需求生产产品后，再通过淘宝进行销售，进而引领当地产业发展，形成新的产业链条。东风村的淘宝带头人从“宜家代购”中发现，宜家家具简单实用，易于拆装和包装运输，方便网络销售。同时，这些家具需求量大，性价比高，是淘宝网商的重要契机。因此，东风村的带头人模仿其运作模式，创办了加工厂，通过淘宝销售产品，很快见到了成效。当地农民和外来创业者也纷纷模仿复制这一模式产生了明显的集群效应，东风村逐步发展成淘宝村，主要产业也从废弃资源回收利用转型升级为家具制造。在这一过程中，农民网商的商业模式初步成型，探索出了包含商品设计、网上销售、网下加工、物流配送的一整套成熟的商业运作模式，形成了围绕家具生产、加工、网络营销、配送、售后等产业活动的全新产业链。

(4)规划引进型淘宝村。规划引进型淘宝村，是指相关机构通过规划设计，打造产业链完善的服务平台，再有针对性地引进电商企业形成集群效应明显的"淘宝村"。如南海大沥淘宝村，该村是号称全国第一家经专业规划打造电商集群的淘宝村，主要采取村民自愿和分红的方式筹集资金，通过专业的规划设计引进电商企业，进驻淘宝村的电商把租金交给村委会，然后由村委会每年定期给村民分红。

4.1.6 淘宝村模式的发展转变

淘宝村模式的发展转变分为两大类，分别是："传统产业转型"类型淘宝村的发展转变和"从无到有"类型淘宝村的发展转变。

(1)"传统产业转型"类型淘宝村的发展转变。该类淘宝村通常依托于当地独有的块状经济结构，比较典型的有浙江省青岩刘村，它有"中国网店第一村"之称，紧邻小商品聚居地，地理位置优越，目前为止，有活跃网店数量约2800家，快递公司30多家，为地区经济繁荣作出了重要贡献。此外还有天台县经营汽车改装、零部件交易的淘宝村，永嘉县桥下镇围绕教学玩具产业发展的淘宝村等。从当前的情况来看，传统基础型产业有丰富的物质基础和成熟稳定的发展模式，这是淘宝村能够正常运营的基础。因此，不断加强对原有产业的变革和创新，可以更好地促进"互联网+产业集群"的发展。根据研究，拥有此种类型的淘宝村大部分出现在江浙等一些沿海地带。"传统产业转型"类型淘宝村的发展转变见图4-5。

(2)"从无到有"类型淘宝村的发展转变。相比传统的工业经济，我们可以发现，电子商务虽然对实体经济的资源依赖性较低，但是对当前社会信息人才水平的要求较高。对于自然资源极度稀缺的偏远困难地区，电脑、移动互联网普及和应用能力的提升，带动了其向前积极迈进。"从无到有"类型淘宝村比较典型的是浙江缙云北山村，该村在原有基础产业为零的情况下，通过聚集信息人才，逐步形成以北山狼公司为龙头，以户外用品为主打产业的电商发展模式，实现了农村电商"从无到有"的发展道路，使农民生产生活有了一定程度

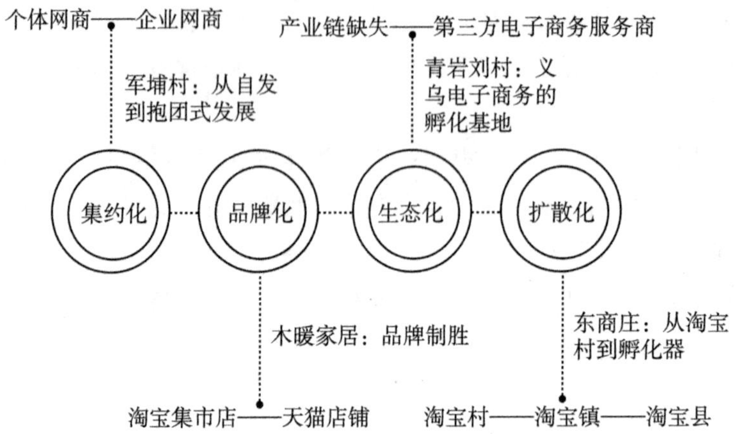

图 4-5　“传统产业转型”类型淘宝村的发展转变

的改善。研究发现，此种类型淘宝村是当前我国极度缺乏当地独有资源的收入低下地区应该学习的榜样。“从无到有”类型淘宝村的发展转变见图 4-6。

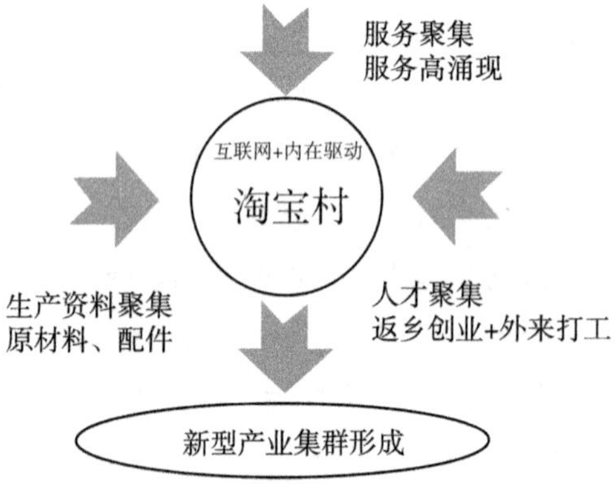

图 4-6　“从无到有”类型淘宝村的发展转变

4.1.7　淘宝村的主要作用

1. 增加农民收入

淘宝村可以形成显著的财富效应。在淘宝村的形成和发展过程中，最主要的发展动力是农户自发的创业致富的内在需求。这种内在需求推动着当地农户变身为网商并从无到有、由少到多地发展起来。

通过从事电子商务创业，淘宝村的大量网商走上了致富道路。例如江苏沙集镇转型为“淘宝镇”以来，农民的生活条件极大改善，家家户户开汽车，部分网商还在县城买了房子。根据沙集镇政府提供的数据，目前沙集镇年销售额500万元以上的网商有280家，1000万元以上的网商有30家，2000万元以上的网商有3家。

2. 促进农村经济发展

以淘宝村为代表的农村电子商务，将改变传统的经济空间布局，让农村及经济欠发达地区有机会以较低的成本加入大规模协同价值网络，直接对接全国和全球大市场，从而发展商业、制造业和服务业。

淘宝村产业形成之后，服务业随之兴起，包括包装、配件、物流快递、代运营、培训等，形成了由电子商务驱动的地方特色产业的新生态，并带来大量就业机会，进而形成良性循环的商业生态。

3. 拉动农村就业和创业，提升农民幸福指数

阿里研究中心研究表明，在淘宝网数百万卖家中，有近一半为农村户口，其中有15%的人只有初中以下文化水平。从工作状态来看，只经营网店的农业户口群体比重高于非农商户。从收入重要性看，农业户口商户将淘宝收入作为主要或者唯一收入来源的比重也高于非农商户。显然，来自农村地区的卖家已经将淘宝网作为实现就业的一个重要平台。

据对20个淘宝村的调查，它们共涵盖了1.5万家淘宝店。按照农村淘宝店由单个家庭经营、每个农村家庭人口4人计算，淘宝村共实现了6万人直接就业，并且带来了物流快递、包装等服务业的大量间接就业。

农民通过电子商务实现了返乡创业和就业，对于提升农民幸福指数有巨大作用。农民大量进城，带来了严重的农村空巢问题，如老人赡养、儿童教育等，而这些问题在淘宝村则迎刃而解。

淘宝村不仅吸引了外出打工的农民回乡，日益明显的人才缺口还吸引了外地人来农村就业。同时，淘宝村的治安状况也有明显好转，根据沙集镇派出所的数据，2008年以后，当地的治安事件发生率呈现明显下降趋势。

4. 促进城乡一体化

党的十八大报告指出，推动城乡发展一体化是解决“三农”问题的根本途径，要加大统筹城乡发展力度，增强农村发展活力，逐步缩小城乡差距，促进城乡共同繁荣。

信息时代，新型城镇化的关键之一是从以中心城市为核心的集中式城镇化路径与模式，转变为以小城镇为中心的分布式城镇化路径与模式。电子商务在农村的应用，促进了农民返乡创业和就近就业，带动了当地经济和社会的发展，使一些传统乡村显现出小城镇的雏形。

众多淘宝村的案例说明，农村并不一定要等到工业化完成才可以信息化，而是可以采取信息化带动工业化方式，快速发展农村经济，推进城镇化和城乡一体化。

4.2　电商产业园区模式

4.2.1　电商产业园区模式概述

电商产业园区(全称电子商务产业园区)是以电子商务为发展主线，重点构建以B2B、B2C为核心的电子商务交易技术平台，重点引进电子商务、信息软件、设计研发、仓储物流等一系列围绕电商产业发展的企业，重点依托并持续优化电子商务产业链的专业园区。

电商产业园区模式是为了缓解农村网商竞争激烈的现象而产生的，以产业升级和产业集群为基础，以电商和电商生态链企业为客户群，强调政府、开发商与入驻企业按照契约关系，使园区土地资源、物业资源、企业资源按照市场行为集聚在一起，进而充分发挥市场优化资源配置的作用。具体指在农村地区构建以B2B、B2C为核心的电子商务交易平台，通过引进信息软件、乡村旅游、仓储物流、设计研发等电子商务相关企业，依托本地资源，为进一步优化和延长电子商务产业链而建立的商业园区。它能够将原本分散的网上商家聚集起来，通过吸引一批优秀的电商人才和电商服务企业来获得更大的效益。可以说电商产业园区是工业化地产的高级阶段，是贯彻国家电商发展战略和推动战略性新兴电商产业发展的重要平台。

具体而言：“电商产业园区就是为成长型和创新型电商及电商服务企业提供产业载体和增值服务的一种高科技园区开发模式。通过电商、地产和金融的有机融合，实现多方共赢。”农村电商产业园区模式的构成见图4-7。

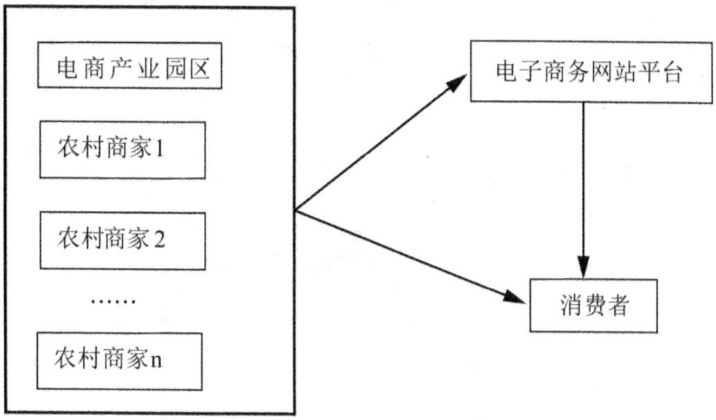

图4-7 农村电商产业园区模式的构成

该模式中比较典型的例子是陕西武功建立的电子商务产业园。武功县属于传统农业县，政府为了解决农产品“买难卖难”的困难，大力发展电子商务，通过成立农村电子商务人才培训基地、电子商务企业聚集地、农产品物流集散地等一系列措施，先后吸引西域美农、赶集网等20多家电商企业入驻园区，发展农村电子商务；之后300多个网店接踵上线，100多万元的日交易额，多家快递公司的入驻和农村电商试点的全面启动等，促使电子商务真正落地农村、惠及群众，实现了从县域电商到电商经济的全面转型。该类型淘宝村一般情况下适用于交通运输状况优越，仓储发达，可以建立商品物流配送中心的地区。

4.2.2 电商产业园区的主要模式

我国电子商务得以高速地发展，除了技术的进步和广阔的市场需求外，成千上万的卖家以及相关的服务商家起到了关键的支撑作用。目前，我国电商产业园区的发展模式有多种，下面是通过总结得出的6种模式(见图4-8)。

(1)政府主导型。以优惠政策带动发展，该开发模式是我国大多数电商园区选用的管理体制，一般由省市区领导组成的领导小组负责重大决策，所在地市政府成立开发区管理委员会。

(2)政企合一型。以灵活机制带动发展，该开发模式的园区往往具有一定的政府背景，开发区管委会与电子商务园区建设公司实行两块牌子，一套人马，主要职能机构合署办公，既具有行政职能又具有经济职能，管委会行使市

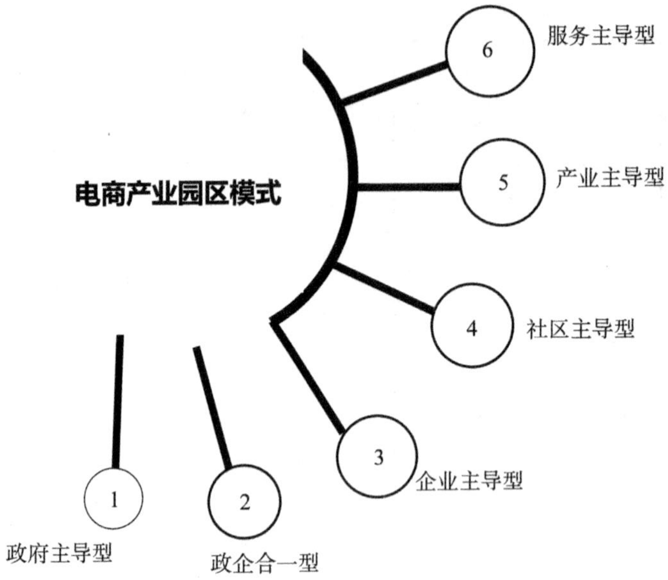

图 4-8　电商产业园区的主要模式

区级管理权限。

(3)企业主导型。以市场化机制带动发展，这类园区主要以民营的建设运营开发公司来投资管理，在国内经济发达地区的电商园区大多采用这一模式。市场化运作有较大的抗风险能力。

(4)社区主导型。以独特社区和物业带动发展，该模式主要是靠电商园区功能布局完善合理，物业形态特色鲜明，形成对客户极强的吸引力。该模式的园区客户往往在满足基本办公需求的基础上，更加追求品位及个性化的空间环境。

(5)产业主导型。以区域产业带动发展，该模式下的电商园区主要是在现有电商产业发展的带动下形成和发展壮大的，在沿海开放城市形成的产业带优势地区大多采用这一模式。

(6)服务主导型。该模式主要是靠完善进驻服务带动：通过为入园企业提供一系列包括人力资源、技术、资本、市场等诸多方面的组织、管理和服务，帮助企业顺利生存、快速发展壮大。不仅为初创企业提供基础型服务，降低了创业风险，而且为高成长企业提供发展型、延伸型服务，满足其个性化需求。

4.2.3 杭州、义乌电商产业园区建设的典型做法和启示

阿里研究院根据“阿里巴巴电子商务发展指数”，发布了中国“电商百佳城市”榜单。金华和杭州分列第三位、第四位。金华电子商务有此成绩，义乌功不可没。义乌汇聚了24万家网商，建有21个电子商务园区。杭州，中国电子商务之都，集聚了全国1/3的综合性电商网站和专业性电商网站，拥有阿里巴巴、网盛生意宝等一批知名电商企业和15家省级电子商务产业基地。近期我们对杭州跨境电商园、杭州电商园、义乌幸福里电商园、义乌网商创业园等重点园区进行了调研，两市电商园区建设运行的一些做法非常值得借鉴学习。

1. 杭州、义乌电商园区的典型做法

主要从发展方向、发展思路、产业培育、运营模式和环境优化五个方面进行阐述。

在发展方向上，充分结合地方特色优势，推动产业升级和新业态培育。杭州的电商产业园主要依托阿里巴巴、淘宝等知名电商企业的集聚辐射功能，以及杭州文创、动漫、数字娱乐、信息服务等产业发达优势，为阿里巴巴、淘宝等大企业提供发展配套，推动电子商务全产业链及动漫、网游等信息服务业集聚发展。义乌的电商产业园重点依托义乌作为全球最大的小商品、日用消费品实体市场的优势，重点建设小商品网上虚拟市场和中小网商集聚中心，以搭建各类电商服务平台和众创孵化平台，从而推动线下市场转型升级。

在发展思路上，转变传统产业园建设理念，高度重视功能创新、平台搭建和服务完善。电子商务作为新兴服务业，具有强服务、重数据、轻资产的特点，并且随着互联网的发展，电商在办公空间上具有移动化和离散化的趋势。因此电商产业园建设能突破空间限定，具有虚拟园区概念，是“没有围墙的产业园”。电商产业园的招商也不再高度依赖优惠政策，而更注重创新的功能、优质的平台、完善的服务和丰富的活动来集聚人气，吸引投资，推动集聚。如杭州电商园围绕电商产业链，形成了产业培育、科技金融、法律保障、人才培育、技术支撑、物业配套六大服务平台，可以解决企业发展所有环节的需求。义乌幸福里电商园也重点强调平台的打造，并建设了金融服务、政务服务、项目输出服务、物业配套服务四大平台。

在产业培育上，围绕电商上下游及配套产业，构建完善的电商生态产业链。电商产业发展会衍生出一系列服务需求，电商产业园应该是各种服务集成

的枢纽，既服务于本地电商发展，又能辐射周边区域。由此形成的电商生态产业链是一个整体系统，任何环节的缺失都会造成效率低下和成本偏高。义乌幸福里电商园、义乌网商创业园在建设中都特别注重电商全产业链打造，入驻企业涉及进出口代理、电商代运营、商务代办、网络营销、网店模特、网店摄影装修、电商培训、物流快递、IT 技术外包支持等各类领域，以及金融、会展、法律、财务、人力资源、媒体广告、咨询服务等商业服务领域。电商产业园着力为企业营造低成本、便利化、全要素、开放式的发展空间，以提升园区竞争力。

在运营模式上，运用微商、众筹、众创等互联网思维，着重突出创业孵化服务。互联网时代，大众生活方式正逐渐互联网化和网络化。电商产业园也要运用互联网思维，在园区创立、品牌塑造、产品推广时充分利用微商、产品众筹、股权众筹等概念，成为“大众创业、万众创新”的载体，同时电商产业园也是全新的创业孵化载体，是面向人人的“众创空间”。如义乌网商创业园围绕创业创新，打造众创孵化社区，通过创业辅导、商业模式重塑、创客工场、解决方案提供、投资路演、共创共筹等方式推动孵化和项目产业化运作，从而实现园区自我培育和自我发展。

在环境优化上，完善各类软硬件配套，重点强调人才政策支撑。人才被认为是电商产业园的核心竞争力，电商从业者以年轻人为主，因此园区服务配套要按照年轻人的需求设计，充分考虑年轻化个性化要求。杭州、义乌两地园区在人才集聚上各出高招。如义乌幸福里电商园与阿里学院、淘宝大学等联合成立园区电子商务学院，实现人才自我培育，同时与浙江工业大学、义乌工商学院等高校合作，建立大学生培训、实习基地，与专业人力资源机构合作，推动人才引进。义乌网商创业园搭建了浙江唯一的专业电商人才网站——浙江电商人才网，依托网站推动电商人才招聘、人才评估、猎头服务及大学生实习就业服务等，为园区企业提供人才支撑。

2. 杭州、义乌电商产业园区建设的启示

要充分借鉴杭州、义乌的经验，从细节着手加快推动电子商务产业园区建设。

充分发挥地方综合特色优势。每个地区都有其独特的地方优势，应结合电子商务的发展，充分发挥各地区的综合特色优势。

加大与第三方服务公司、平台运营商的合作力度。加大与各类市场化的专业服务商、活动策划机构的合作，搭建进口电商服务代理平台、进出口电商代运营平台等，引进一批金融服务、物流服务、人才服务、媒体广告和咨询服务类企业，完善园区第三方运营平台、做精专业服务和公共服务，以功能、平台和服务推动企业集聚，园区发展。

高度重视互联网项目的创业孵化。积极响应“大众创业、万众创新”的号召，依托现有国家级科技企业孵化器的平台和政策，引入各类互联网投资基金，采用市场化操作筛选模式，在场地、资金、培训、技术、资源等方面为互联网创业者提供支持，自主培育，吸引项目入园。努力形成有影响力的互联网孵化创投平台。

完善各类配套服务设施。在综合服务上，按照“市场能做的让位市场，市场不能做的政府补充”的原则，完善各类生活和商务配套设施；在政策保障上，要确保政策优势不低于周边区域，打造政策洼地；在人才支撑上，依托跨境电子商务人才基地，重点与本地电商学院建立合作关系，推动电商人才招聘、培训以及高端人才的猎头服务。

4.3 淘宝村与电商产业园模式的比较

传统淘宝村模式鼓励贫困地区农民借助电子商务平台进行“创业”，使众多农民成为网商，一定程度上推进了现阶段农村扶贫工作的开展，但它也有一定劣势。首先，由于受传统农耕经济的影响，农民大多思想认识不足，缺乏长远目光，他们一旦获得可观的收入，便容易满足于现状，丧失发展动力。其次，农民不善于与人合作，大多数坚持个体经营，而农村淘宝商家数量的增加会产生相应的市场竞争，不利于当地扶贫工作取得成效。最后，该模式下，同一地区的淘宝商家往往依托本地特色资源和产品进行线上交易，导致产品同质化严重，会加剧淘宝村内部竞争，使其缺乏对外部消费者的吸引力，从而对推进电商扶贫工作产生了阻碍。

农村电商产业园作为一种新型电商扶贫模式，弥补了“淘宝村”模式中存在的不足，利用产业集群优势将原本分散的资源信息进行整合、共享，大大降低了网商的运营成本，实现了网商从竞争者到利益分享者的角色转换，提高了产品知名度和竞争力。

建立农村电商产业园，可以通过规模化经营，提升产业效率。淘宝村的出现使得零散电子商务人员有了充足的活动空间，给电商产业园带来了一定的竞争压力。但淘宝村约束力小，流动性大，具有很强的不稳定性，而电商产业园近年来由于开发商运营整合能力的提升，加大了对于园区自身运营管理的力度，逐渐使其能稳定运营，能为企业提供充足、充分的资源，同时也促进了扶贫效率的提高。专业化的政策和体制保障，吸引了大量的电商人才，通过建立更加完善、集中的物流服务产业链，促进了贫困地区经济的发展。淘宝村和电商产业园区模式的比较见表 4-1。

表 4-1　**淘宝村和电商产业园区模式的比较**

	优势	劣势
淘宝村模式	结构简单 自产自销 线上产业集群	人才缺乏 发展动力不足 集中化、专业化水平低 独立经营、市场竞争严重
电商产业园区模式	专业化经营 规模化经营 资源优势、竞争力优势 产业集群、经营成本低	人才缺乏 只适用于交通便利、仓储和物流发达的地区

互联网和电子商务的不断发展，对当前扶贫工作提出了更高的要求，因此，积极探索信息化扶贫方式，创新电商扶贫模式刻不容缓。

4.4　京东电子商务精准扶贫模式

4.4.1　京东电商精准扶贫模式概述

2016 年 1 月，国务院扶贫办与京东集团签署《电商精准扶贫战略合作框架协议》，京东依托自身电商优势，在全国开展电商精准扶贫计划。京东成立了由集团执行副总裁蓝烨挂帅，8 个集团业务小组和 7 个区域落地小组组成的京东电商精准扶贫执行团队。

京东的电商扶贫战略，包含产业扶贫、用工扶贫、创业扶贫和金融扶贫四大策略，并在实际扶贫工作中摸索出培训→金融→农资→安全→运输→销售→品牌→招工等八大环节的帮扶体系。扶贫工作的重心放在打通“农产品进城”的通道上，以农副产品、生鲜冷链物流为突破口，帮助贫困地区的优质农副产品以最快的速度传送到城市百姓的餐桌上，以带动贫困地区脱贫。

4.4.2 京东电商精准扶贫的主要做法

1. 200个贫困县试点电商扶贫

“十三五”期间，京东将与各级政府部门及合作伙伴一道，致力于打造50个“互联网+扶贫”示范区，进行200个贫困县电商扶贫示范试点，建立200个贫困地区线上地方特产馆。截至2016年9月，超过60个贫困县在京东建立地方特色馆，上线单品超过1万个，每月销售额超过2000万元，如贵州丹寨馆、黑龙江兰西馆、陕西宁陕馆等。

丹寨县位于黔东南州西部，因山高路远，交通不便，全县基础设施薄弱，产业发展落后。2016年3月，京东与丹寨签订电商精准扶贫战略合作协议后，京东云上丹寨特产馆上线，推出丹寨“酸笋老人”，上线短短几天，就将酸笋售卖一空；推广丹寨苗族特色手工艺品，如苗族银饰等，十分抢手。

京东集团相关人士表示：“我们将帮助贫困县打造自有品牌，依托京东丰富的品牌推广经验和能力，帮助贫困地区优质农副产品进行设计、包装以及营销策划，打造品牌，卖出价钱。”

2. 提供帮扶措施，实施系列培训项目以及派骨干挂职贫困县

京东与众多合作高等院校携手，共建校园电商人才生态圈。2016年4月15日，京东在华南师范大学发起成立了广东省高校电子商务人才孵化基地暨创业就业训练联盟，向来自贫困家庭的学生，提供电商实习实训机会、电商大讲堂学习、创新创业项目孵化指导等帮扶措施。京东与北京物资学院签署战略合作协议，共建京东电子商务学院。

京东联合农资公司、科研院所等对农户进行种养殖技能培训，从选种子、施肥再到防病虫害等环节层层把关，提升产品品质。京东在陕西与富钾农资公司合作，帮助农民购买优质低价化肥、农药，为农户提供果树栽培、果园管理等培训，并提供优质的售后服务。

此外，京东实施了“互联网+县域经济”系列培训项目，向农村青年持续提供网络营销、电商运营等专业技能培训，已经为贫困地区培训近万名基层干部和企业家、运营人员，并大规模组织了贫困家庭青年群体的电商扶贫培训。

京东还选派一批中层管理团队赴贫困地区挂职，推动当地的特色优势产业与京东采销部门对接，成为首家向政府部门派驻扶贫干部的电商企业。

与现有一些电商扶贫的做法不同，京东实施的“互联网+”精准扶贫战略，不仅仅是对国家既有扶贫路径的有效补充，也是在企业和市场层面构建了全新的精准扶贫平台和渠道，形成了政府、市场、社会互促共进、协同发力的大扶贫格局，是电商扶贫模式的全新升级，提供了精准扶贫的综合解决方案。京东“互联网+”精准扶贫模式通过提供丰富的培训支持，有效增强了贫困农户能力；通过与政府扶贫举措有效协同，实现了扶贫的“乘数效应”；通过有效统筹社会帮扶资源，构建了“人人皆愿为、人人皆可为、人人皆能为”的社会帮扶网络。

4.5 “货通天下农商产业联盟”模式

4.5.1 “货通天下农商产业联盟”模式概述

“货通天下农商产业联盟”(简称“联盟”)的运营总部位于上海，目前的定位是非营利组织。“货通天下农商产业联盟”正在努力打造一种适合大宗农产品交易的电子商务流通模式 BAB(business agent business)：农产品供应商+联盟+采购企业，这属于 B2B 的一种。其中，联盟是这个模式的核心。联盟的主要任务是左手整合优质的农产品供应商(农民合作组织、合作社、生产基地和农产品加工企业等)，右手整合品牌好、需求量大的农产品采购商(包括加工企业、餐饮集团和流通企业等)，中间还有多种涉农服务机构为采、供双方提供以交易为核心的各种服务。联盟从达成的交易中收取 1%~3%的服务费。

4.5.2 “货通天下农商产业联盟”模式的关键特征

(1)无论是上游的供应商，还是下游的采购商，联盟主要整合的是有一定实力和信誉的企业，不是面向个体农户和消费者。

(2)建立了电子交易平台，提供了交易撮合、信息查询、委托采购、拍卖招标、网上结算、物流管理、品质评定和折扣管理、第三方审核仲裁等功能。

(3)组织制定了多项涉农产品的交易和管理标准。

4.5.3 “货通天下农商产业联盟”模式的启示及应用

“货通天下农商产业联盟”模式的出发点是解决规模企业之间的大宗农产品的交易问题，所以，整合大型企业(尤其是采购企业)的任务较重。为了满足大型采购企业的需求，供应方的产品质量、数量都需要比较稳定，具有一定的规模门槛。这种模式还需要开发和运营专业的交易平台，以实现信息、资金和物流的三合一，具备一定的技术门槛。这种模式自建平台而不采取第三方交易平台，因此不适合拉动借助淘宝等第三方平台发展的小网商。此外，这种模式明显地具有平台化的特征，理论上讲可以为全国范围内的大宗农产品的采、供双方服务。这种模式比较适合规模化产地与大客户间的大宗农产品的电子商务交易。

4.6 苏宁电子商务精准扶贫模式

4.6.1 苏宁电子商务精准扶贫模式概述

苏宁是全国第一家和国务院扶贫办签订"全国农村电商扶贫战略合作框架协议"的民营企业，多年以来苏宁一直将电商扶贫作为集团的重要战略来落实。苏宁利用线上、线下融合发展的渠道优势，探索出了电商扶贫、产业扶贫和公益扶贫"三合一"的新路径，开创了"互联网+精准扶贫"的新模式，构建了以智慧零售引领的精准扶贫新体系。

具体来说，就是以农村电商业务作为切入点，依托线下苏宁易购县镇店、电商扶贫实训店、农村电商培训学院，线上中华特色馆、大聚惠、物流云等载体，带动众多贫困县、贫困村、贫困户来销售当地具有特色的农副产品，拓宽贫困户的增收渠道。苏宁打造了"六位一体"的电商扶贫模式。截至 2018 年 7 月底，苏宁在 832 个国家级贫困县开设直营店 342 家，线上中华特色馆作为苏宁精准扶贫的主要载体，目前总计开馆 349 家，在全国 238 个国家级贫困县成功开馆运作。

4.6.2 苏宁电商扶贫的主要做法

1. 线上发力——网上铺就脱贫路

实施精准扶贫、精准脱贫，坚决打赢脱贫攻坚战，产业扶贫是关键，是治本之策。习近平总书记强调："要脱贫也要致富，产业扶贫至关重要。"①利用当地优势整合各方资源，把老百姓切切实实纳入产业帮扶当中，促进贫困人口就业增收，才是长期有效解决脱贫困难的有力保障。

随着全国各地扶贫产业项目的落地生根，许多贫困地区农产品面临"有产

① http：//theory. people. com. cn/n1/2019/0111/c40531-30516222. html.

品没价格、有产品无品牌”、产业附加值低的困境。好产品卖不上好价钱，很多优质的贫困地区农产品找不到客户，而想买优质农产品的人也不知道去哪里购买才靠谱。近年来，苏宁发挥自身技术和市场优势，通过线上发力，有效对接供需，破解贫困地区“资源限制”，开辟了脱贫攻坚的“新通路”，在扶贫工作中发挥着越来越重要的作用。

“酒香也怕巷子深”，用来形容贫困地区的土特产再合适不过。由于交通不便，宣传力度不够，产品开发打造不足等种种因素，贫困地区的农特产品大多“养在深闺人未识”。

在青山覆盖的乡间村庄——湖南湘西花垣县十八洞村，不少农家在山上散养土鸡用于销售。土鸡蛋行情好时不愁卖，但遇上行情不好的时候，4 毛钱一枚也卖不动，很多鸡蛋只能烂在竹篮里面。2016 年，苏宁与湘西自治州人民政府签署“精准扶贫农村电商”战略合作协议，借助苏宁电商渠道，湘西土鸡蛋搭上了网络快车，在苏宁线上频道如中华特色馆、大聚惠进行推广，很快创下一个月销售 18 万枚鸡蛋的成绩，为当地村民带来销售收入近百万元。

经过苏宁的牵线搭桥，以往经常滞销的贫困地区特色农产品纷纷开始“触网”，赣南脐橙、云南红米、灵宝苹果、凤凰蜜柚、石门大枣、从化荔枝等，也成为“网红”。

“没想到网络有这么大的能量。”提及苹果滞销的经历，山东日照果农老刘感慨颇多。原来，当年老刘的果园虽然获得大丰收，但收购商踪迹难寻，近万斤苹果堆在家里一周，无处可销。

不仅山东，山西、陕西、甘肃等地也出现了大面积的苹果滞销，增产不增收，成了摆在贫困果农面前的严峻难题。往年 6 元一斤的苹果，价格掉到了 2.5 元一斤，却仍然无人问津。面对冷库里堆积如山的苹果，果农就如热锅上的蚂蚁一般焦灼。

最终，是苏宁帮果农们解了燃眉之急。苏宁易购大聚惠频道、中华特色馆同步发起爱心公益活动，在网站首页位置推荐，呼吁消费者帮助果农消化滞销苹果。仅用三天时间，老刘的苹果就销售一空。借助苏宁的平台，老刘的苹果卖到了五湖四海，老刘笑称，苹果也出了趟远门。

同时，苏宁还帮助山西祁县、陕西旬邑县、甘肃静宁县等地销售苹果，在线下同步发起“爱心助农、果断行动”活动，通过现场售卖，用实际行动爱心助农，一个月的时间线上线下累计销售 1810 万斤苹果。不仅解决了苹果滞销的问题，还为这些地方的果农搭建起了一条走出大山的绿色通道，使他们能在精准扶贫领域做得更为深入。

事实上，在单个扶贫产品的销售上，苏宁已经得心应手。针对农村“地域广阔、分布较散、运量不大”的特点，苏宁依托自身特有的渠道优势挖掘贫困县、村、户的特色农副产品，帮助农民卖出好价钱，卖出品牌。

据孙为民介绍，苏宁计划利用互联网工具和线上线下平台，在全国范围内进行精准电商扶贫，未来 3 年建设 100 家苏宁易购直营店或服务站，在大城市核心商圈线下实体门店建设农村电商扶贫 O2O 专区，并在苏宁易购上线 100 家“地方特色馆”，促进农副产品、民族手工艺品等上网、进城。

“苏宁不只是一家互联网公司，更是有使命担当的企业公民。”苏宁易购总裁侯恩龙表示，资金上扶贫是不够的，真正意义上地帮当地老百姓脱贫，这是中国扶贫攻坚战的重要内容。

2. 线下发力——打造“造血”全流程

现阶段，电商扶贫存在着不少问题。从总体上看，贫困地区农村电子商务发展仍处于起步阶段，电子商务基础设施建设滞后，缺乏统筹引导，电商人才稀缺，市场化程度低，缺少标准化产品，贫困群众网上交易能力较弱，影响了农村贫困人口通过电子商务就业创业和增收脱贫的步伐。

从长远来看，销售扶贫只能解一时之急，最关键的还是需要通过模式创新，形成长效的扶贫机制。在 2018 年全国两会上，全国人大代表、苏宁控股集团董事长张近东就曾建议“拓展电商扶贫模式，丰富扶贫措施，促进长效扶贫机制的形成”。

苏宁的互联网扶贫模式是为一个贫困村镇推广一款特色农产品，为一个贫困县打造一个优势产业，多产业联动带动当地产业集群发展，多渠道配合解决销售问题，逐渐形成特色化、精准化、社会化、产业化的电商扶贫思路，真正实现精准扶贫、脱贫。

为此，苏宁制订了品牌塑造和人才培养的双向计划。一方面针对农村“地域广阔、分布较散、运量不大”的特点，苏宁依托自身特有的渠道优势挖掘贫困县、贫困村、贫困户的特色农副产品，协助贫困地区打造“特产基地”和“电商产品示范基地”，建立苏宁易购大聚惠与农产品众筹常年直采基地，帮助他们卖出好价钱，卖出品牌；另一方面，苏宁将有针对性地开展定点电子商务培训，打造“双创与返乡青年等电商示范项目”，通过电商培训，令贫困地区人民能够跟上电商发展速度、实现创富增收。

截至 2018 年 9 月，苏宁易购电商扶贫实训店已在全国 90 多个贫困县落地。张近东介绍，苏宁将成立专项扶贫基金，全面保障实训店等精准扶贫项目的规模化落地、效益化发展，真正让智慧零售扎根贫困地区，并最终助力我国贫困人口全面脱贫的目标。

授人以鱼在先，同时授人以渔，最后再让更多拥有鱼与渔的过来人，带着他们自己的感悟与经验，一起再去传递、再去帮扶，从点到面，形成社会效应，这是苏宁的扶贫实践。

在张近东看来，苏宁从骨子里就有着“扶贫济困”的基因和传统。致富思源，不应该仅仅成为一个企业的责任，更应该变成一种习惯。

第 5 章　中国农村电子商务精准扶贫路径研究

5.1　中国农村电商扶贫路径选择

电子商务是一种创新型市场行为，因此，电商扶贫要基于市场，重视线上交易，以政府、公益和市场作为三大主体，不断探索创新，激发市场活力，协调市场竞争，找出遵循电商发展的投入补偿方式，实现精准扶贫“成规模、可持续、见实效”的发展要求。

电子商务深入农村，对落后地域经济增长和产业发展有巨大的提升，进一步推动了现阶段我国精准扶贫工作顺利开展，并加速全国人民奔向小康的目标。为贯彻落实中国政府在“十三五”规划中提出的扶贫攻坚的战略部署，农村精准扶贫应按照以下几个方面的工作思路进行(见图 5-1)。

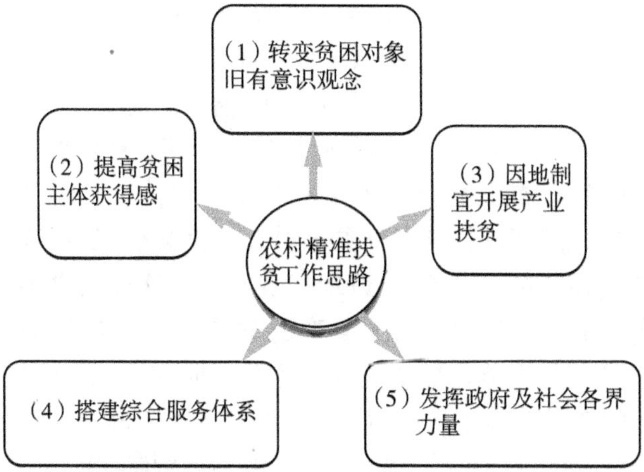

图 5-1　农村精准扶贫工作思路

(1)转变贫困对象旧有意识观念。习近平总书记曾说过：“弱鸟可望先飞，至贫可能先富。”①就目前来看，要实现收入低下群众全面脱贫仍存在许多困难，这主要是由于农民思想意识落后，对实现富裕缺少信心。扶贫先要“扶志”，因此，基层党组织和政府要通过农村精神文明建设和教育培训，让广大群众树立脱贫的信心，逐渐减少贫困意识，不断提升个人能力，进而积极热情地参与到脱贫工作当中。致贫因素多种多样，但是人的原因始终是根本的。

首先，要从思想上脱贫，只有贫困对象有强烈的致富愿望，精准扶贫工作才能事半功倍。农村电商精准扶贫并不是仅仅限定于对贫困主体的直接帮扶，更多地是从整个地区的产业和经济出发，通过电子商务的发展来促进地区产业和经济的发展，进而实现贫困家庭的减贫脱贫。

其次，针对部分有脱贫愿望，却由于缺乏自主精神、受教育程度不足、综合素质较低等原因不知道如何脱贫的人，授人以“渔”。扶贫既要帮助贫困人口改变生活环境，更要努力改变他们的心理环境，让他们从根本上告别贫困。一是要确立贫困者的主体地位，这有助于扶贫资源的传递和接收，使贫困对象了解造成贫困的原因不是所谓的“天命”，其本身就是主宰自己命运的主体；二是要改变他们的依赖心理，政府给予他们的帮助是一时的不是永久的，惰性心理只能使自己陷入贫困的恶性循环；三要激发群众的内生动力，在充分了解他们的想法和需求后，改变他们被动接收帮扶的局面，调动起贫困对象学习生产技能的积极性，鼓励他们通过发展生产，增强自我发展能力来适应各种社会变革和自然环境的变化。

(2)提高贫困主体获得感。在电商扶贫的实践中，提高贫困主体的获得感非常重要。它是电商扶贫可以长期有效进行的基本点，也是政府、社会等其他主体开展电商扶贫工作的关键点。提高贫困主体获得感具有以下意义。

首先，贫困主体的获得感，是电商扶贫、电商脱贫发展变化的内因。电商扶贫要“见实效”，就是要让贫困主体有获得感，让贫困户发自内心地认同“做电子商务，能脱贫增收”，让贫困村、贫困县认同“电商能助力本地产业振兴、经济发展和农民致富”的道理。事实上，这种获得感，也是贫困主体对特定电商扶贫行为和自己参与电商脱贫是否“见实效”的自我体验，这与作为“外因”的其他主体包括帮扶者的体验，或许一致，或许不同。不过，贫困主体自己的获得感，才是他们愿意真心投入和不断去从事电商活动的行为依据，也是他们产生内生动力的源泉，由此成为构建电商扶贫长效机制的核心基础。

① http://www.chinanews.com/gn/2016/11-14/8062198.shtml.

其次，从农村电商的实践来看，广大农民包括贫困主体的获得感，也是过往在沙集、曹县等地形成淘宝村，今天在砀山、武乡等地出现微商村，以及跨平台的电商村规模化发展的根本动因。农村电商"成规模"，固然需要外部条件，但最根本的还是这些地方的农村有越来越多的农民，通过活生生的生活实践，认同电商带来的获得感，广泛参与进来的结果。这种更多人认同的获得感，成为农村电商规模化复制的关键因素。

再次，农村电商让贫困主体有持续不断、更多更强的获得感，是推动电商扶贫、电商脱贫长期发展、滚动前进的不竭动力。农村电商扶贫、电商脱贫的生命力，不能只靠外部"输血"来维系，必须形成和保持贫困主体自我"造血"能力。一个地方农民群众和贫困主体的获得感越多、越强、越持久，这个地方农村电商扶贫、电商脱贫就会有旺盛持久、生生不息的发展活力。

最后，让贫困主体有广泛持续、更多更强的获得感，也是政府、企业、社会其他主体开展电商扶贫的努力目标和关键落脚点。与其他事物的发展规律一样，电商扶贫的外因也需要通过内因起作用。一方面，如果贫困主体"坐在墙根晒太阳，等人帮扶进小康"，那么，再多的扶贫措施也将无济于事，"输血"中止，返贫即至；另一方面，帮扶者的措施如果只是浮于表层，外部循环，不能抵达和长驻贫困主体心中，化为他们的获得感和行动依据的话，也会让电商扶贫的效果大打折扣。

(3)因地制宜开展产业扶贫。产业扶贫是农村电商脱贫的根本之策，进行产业扶贫要根据地区具体情况、突出地区产业重点、科学分类指导，将地区产业进行合理的调整、注重特色经济发展工作，要做到将产业扶贫工作覆盖到每个贫困户。要想将产业扶贫工作准确有效地在农村进行下去，就要注意农业产业结构调整，积极地去探索更加科学、高效、具有经济效益的发展道路，只有更高的经济效益才可以使得所有贫困户参与进来。农村地区基础设施薄弱，严重制约了本地产业的进一步发展和扩大，因此，电商扶贫要实现可持续发展，必须完善电商发展的各方面条件，补短板，打破制约行业发展的瓶颈，结合各村实际，统筹规划产业发展的区域规模、经营形式，提升农产品品质，延伸产业链，树立特色品牌，提高产品附加值，变简单的"输血式扶贫"为"造血式扶贫"，保证扶贫项目顺利开展。关于因地制宜开展农村电商扶贫的注意事项见图 5-2。

(4)搭建综合服务体系。在我国电商扶贫工作向前推进过程中，综合服务体系建设与完善是它的内在要求。政府决策层、企业领导以及个人网商对农村

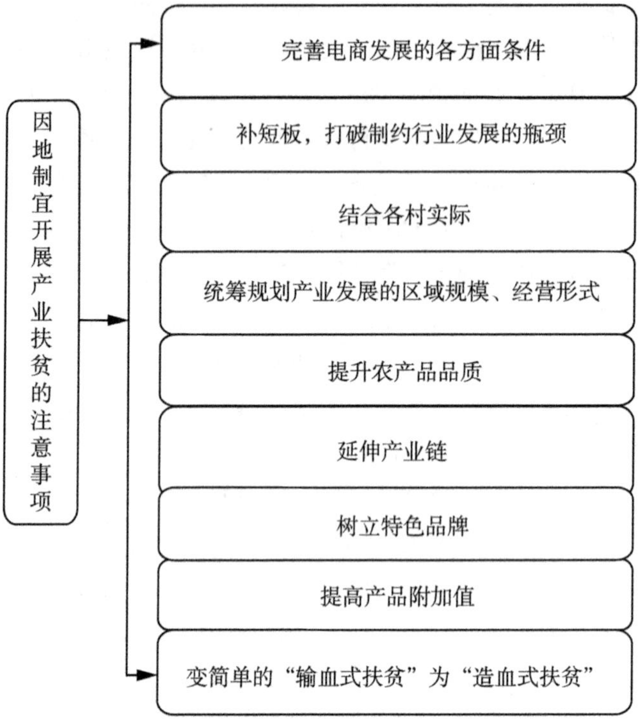

图 5-2　因地制宜开展产业扶贫的注意事项

电商的认识要更加全面和细化，通过加强对落后地区的政策支持和本地文化建设，持续推动物流、供应链、公共服务、电商平台等综合服务体系的完善以及农民思维方式和互联网运用能力的提升，同时借助数据分析技术，为消费者带来个性化的购买体验和服务，从而带动贫困地区群众整体收入的提高，这对繁荣我国农村经济和扶贫工作的长期发展都有重要意义。

(5)发挥政府及社会各界力量。应进一步完善协调机制，互帮互助，加速共同富裕。国家党政机关应该设立完成度高的各项考核机制来完善现有的扶贫指标，出台相关惠民政策，来鼓励和支持企业、机构、个人积极热情地加入扶贫攻坚工作中。通过党员干部引导、带领农户加入电子商务中，推动扶贫工作的有效开展。另外，实行扶贫资金股份化，贫困户由于生产能力低，往往难以获得一些专项的农业扶持资金，通过这一措施，可以使更多的农户从中受益，有利于规模化、组织化生产，强化人口带动作用，增强群众抗风险能力，推动扶贫工作的连续发展。

5.2 中国农村电商扶贫路径创新总结

互联网实现了信息间的相互传递与沟通，农村信息化建设进程的加快，打破了农民长期封闭的生活状态，实现了其与外部世界的紧密连接，使其可以更加高效、便捷地获取大量信息。通过创新生产方式和融合外部先进经验，建设农村“开放社区”，可以提高广大农民群众的思想认识，并引导他们逐步走向开放，实现思想脱贫，从而为实现自身经济和能力上的脱贫奠定基础。

开放的电子商务市场可以打破贫困地区技术、市场的限制，使其充分发挥和挖掘自身自然资源和文化价值，为农产品在市场中顺畅流通提供保证，并借助互联网技术和产业创新，将农村资源优势转化为经济优势，改善困难人口经济收入和生活方式。此外，淘宝村的大量涌现，促进了农村特色资源的产品化、市场化和产业化，实现了农村地区技术驱动下的经济脱贫。

产品的升级和销售主要依靠技术驱动和市场互联，由于资源本身具有巨大的相似性，在落后地区，更需要建立具有核心竞争力的产业，以提高农民脱贫能力。电子商务背景下，各地区要形成以市场为导向，文化为支撑的新型扶贫模式，通过合理配置农村资源，打造特色地域品牌，促进“淘宝集群”和品牌产业化发展，以增加企业竞争能力，从而引导我国从经济扶贫走向能力扶贫。电子商务背景下农村扶贫方式见图5-3。

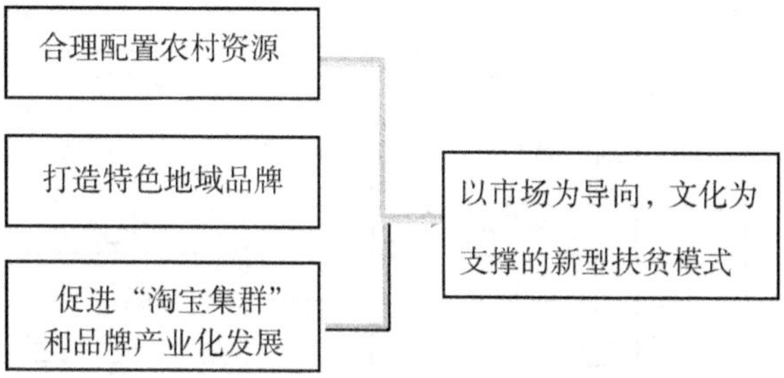

图5-3　电子商务背景下农村扶贫方式

发展农村电商对改善农民收入和生活水平有很大的帮助。信息化时代，全球电子商务使世界各地间的文化实现了互联创新，对“城乡一体化”发展和共同富裕有极大的带动作用，进一步促进了困难人口的生产生活方式和思维方式的转变，为我国建设小康社会提供了文化根基。移动互联网、大数据、云计算等新型信息技术的应用，将为困难地区农产品销售带来新的商业业态，促进农村电商个性化发展，以达到拉动贫困地区经济增长的目的，从而以促进社会生产生活方式的变革，为农村地区实现全面脱贫创造多方位、宽领域、多层次的文化互联和商业融合氛围，为我国实现精准扶贫开拓新路径。

农村电商精准扶贫是通过促进农村电商的发展，带动农村贫困地区的产业和经济的发展，同时通过对贫困主体提供各种帮扶，让其在此过程中获得更多的发展机会，实现收入增加；通过农村电商促进农村市场的改善，让包括贫困户在内的当地居民在生产资料和消费资料的购买上获得更多的选择、更大的实惠，实现生产生活成本的降低以及生产生活条件的改善；更重要的是让贫困主体通过对相关技能的掌握和运用，积极参与市场化的生产经营活动，获得自我发展能力的提升，真正实现可持续的发展。农村电商精准扶贫需要构建由通道、服务支撑和保障机制三方面组成的路径。农村电子商务精准扶贫长效机制及路径演进见图 5-4。

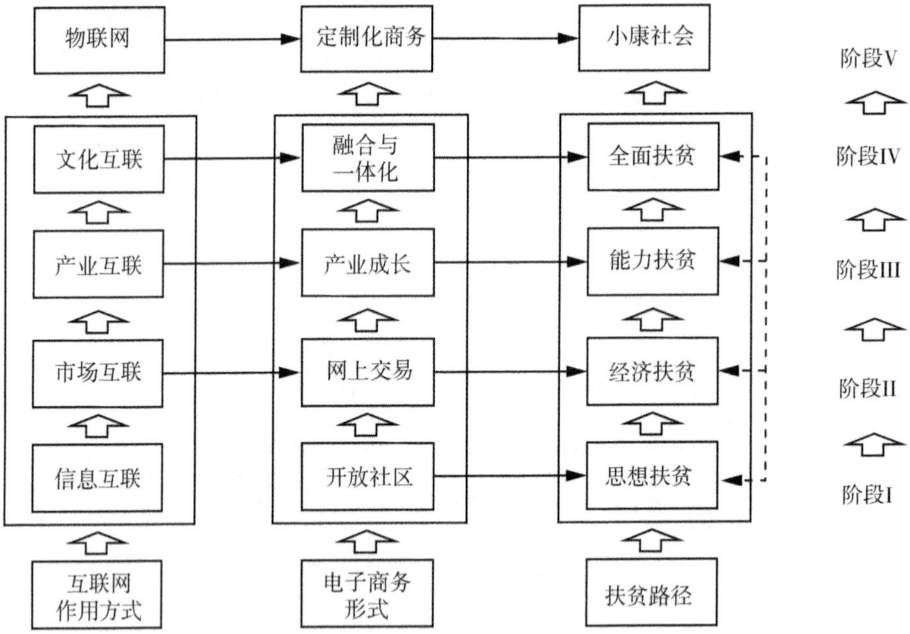

图 5-4　农村电子商务精准扶贫长效机制及路径演进

这些年我国就电商扶贫的问题探讨了很多，核心企业支撑、相关产业支撑、电商人才支撑、物流网络支撑是对中国农村电商扶贫路径创新的总结(见

图 5-5）。

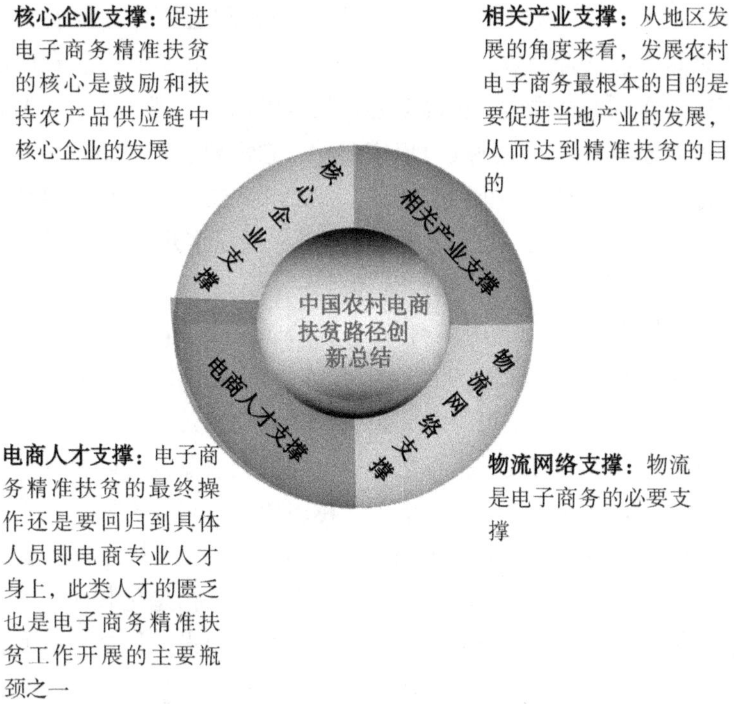

图 5-5　中国农村电商扶贫路径创新总结

（1）核心企业支撑。促进电子商务精准扶贫的核心是鼓励和扶持农产品供应链中核心企业的发展。鼓励和扶持核心企业的发展可以在资金和资源有限的情况下，抓住影响电子商务精准扶贫政策实施的主要矛盾，以点带面，使贫困地区早日摆脱贫困。核心企业面对电子商务精准扶贫的支撑优势不仅体现在单个企业的资金、人才和专业方面，还体现在企业间资金、人才和专业的联合。企业面对自己不擅长的业务，可以积极寻求其他企业的帮助与合作，取长补短，团结互助共赢，实现对电子商务精准扶贫的联合支撑。

核心企业在电子商务精准扶贫工作中可以起到以一带十的作用，并扮演着领头羊的角色。核心企业在与农产品供应链其他相关企业的密切合作下，充分利用电子商务信息流、资金流和物资流高度融合的特点，多角度、多层次建立不同的供销渠道，以促进农村电子商务的发展，从而达到精准扶贫的目的。在发挥核心企业主导作用的基础上，认真梳理围绕核心企业的众多网链关系，最终促进围绕农产品购销的供应链迅速壮大，农村电子商务才能真正健康发展起来，精准扶贫工作才能顺利展开。

在整个农产品供应链上，各个成员是不同的利益主体，都有着各自的利益，成员之间通过整合使农产品供应链获得整体竞争优势，使农产品价值增值，从而达到降低综合成本，提高对客户的服务水平，增加供应链整体效益的目的。电子商务不是一个企业就可以完成的，它需要农产品供应链相关企业的协作与配合，只有实现核心企业与相关企业的相互协作，才能实现供应链整体最优化。这种协作关系就是“合作伙伴关系”，可以实现农村电子商务参与者的共赢，达到消除贫困，实现共同富裕的目的。

核心企业的定位不仅仅在传统行业，核心企业也可以将业务范围拓展到农村的电子商务企业，这类企业也可以作为核心企业去推动精准扶贫工作的开展。例如阿里巴巴作为一个电子商务企业，将其业务范围扩展到农村，在实现应用电子商务精准扶贫的同时，也获得了一定的企业利润。随着阿里巴巴电子商务业务在农村的开展，我国涌现出越来越多依托农村特有资源发展起来的淘宝村、淘宝乡镇和淘宝县。例如陕西省武功县于 2015 年 9 月与阿里巴巴签订了农村淘宝项目合作协议。武功县通过农村淘宝这一信息化载体，加快农村电子商务综合服务平台、配送服务中心和农村服务点建设，培育和壮大农村电子商务经营主体，促进电子商务精准扶贫政策的落实，开创了农村电子商务发展新局面。通过阿里巴巴提供的电子商务平台陕西省武功县的猕猴桃产业实现了新的跨越发展，产品附加值提高，民众收入显著提高，为实现市场互联推动经济扶贫和经济脱贫，增加贫困地区民众收入奠定了坚实的基础。

(2) 相关产业支撑。从地区发展的角度来看，发展农村电子商务最根本的目的是要促进当地产业的发展，从而达到精准扶贫的目的。因此，为了让本地的产业更好地适应电子商务精准扶贫的要求，主要从产业优势和市场推动两个方面分析。

产业发展的要素包括资源(如原料、土地、环境等)、技术、资金、人才等。贫困地区的主要优势在于其自然环境、土地资源以及一些特殊的产品和文化。如果开发合理，这些都有可能成为贫困地区发展特色产业的优势，尤其在当前这个产品过剩的发展阶段，发挥地方优势，满足市场的多样化需求，不仅能促进当地产业的迅速发展，从而帮助贫困地区减贫脱贫，甚至对整个产业转型升级都会起到积极的推动作用。

产业发展的根本动力在于市场，电子商务的发展为地方产业提供了对接市场的条件，但要实现良好对接，实现精准扶贫的目标，首先要做的是生产出好的产品，并通过电商精确地瞄准相应的消费群体。这就需要做好三方面的工作：一是市场精确对接；二是产品网货化；三是生产好产品。

市场精确对接需要准确定位需求人群，实施精准营销，这是企业和市场的行为，但从整个产业的角度看，可以针对专门解决这类问题的企业提供适当扶持，鼓励各类行业的电商企业发展，使得农村贫困地区的好产品能够找到更好的消费市场。

产品网货化是开展电子商务的必要条件，尤其是农产品。产品网货化并不只是指做好包装、制作图片等，更重要的是让产品更加满足各类消费者的不同要求，除了包装的大小、包装的设计之外，重点在于如何获得网络消费者的信任和认可。这可能需要建立起更具公信力的、可让消费者更容易分辨优劣的质量标准。因此，产品网货化就需要挖掘产品的优势，告诉消费者这个产品好在哪，同时还需要建立起具有公信力的机构，帮助消费者解决产品质量分辨的难题。

当然，好条件并不等于好产品。经验表明，随着市场需求的增加，生产者往往为了追求更高的收益而简单粗暴地扩大产量，以次充好，从而导致整个产业蒙受巨大的损失。为了避免个别生产者的短视行为对整个产业造成的破坏，必须对整个行业实施有效的监管，比如，政府监督、群众监督、行业监督。

综上所述，应当着力提升整个产业从生产、网货化到营销等全过程的水平，建立起对整个产业的发展有利的各种服务支持机制，并完善监管机制。产业服务支撑要求政府部门实现与行业协会、企业、消费者等多方的交流，通过多方的反馈和参与来提升服务水平，促进整个产业的发展，从而提升精准扶贫的效果。

(3)电商人才支撑。随着电子商务精准扶贫政策逐步落实，电子商务在贫困地区的发展保持着良好的势头。电子商务精准扶贫的最终操作还是要回归到具体人员即电商专业人才身上，此类人才的匮乏也是电子商务精准扶贫工作开展的主要瓶颈之一。贫困地区的农民群体由于其自身条件原因，对于电子商务平台的接受程度有限，对电子商务与农产品市场相结合的具体操作技能不熟悉，过分依赖政府帮扶，自主性较差，因此无法通过自主手段实现脱贫。此外，农村人才大量外流，大多数人才回归反哺的意识不强烈，也是电子商务专项人才匮乏的原因。

为解决电子商务人才队伍匮乏问题，培养和打造专业化、信息化、本土化的人才队伍体系，实现电子商务在农村地区的市场拓展，应采取以下措施。第一，必须加大对农村地区本土电商人才的培养。扩大互联网相关知识以及信息技术在农村贫困地区的普及范围，建立电脑培训的基础教学体系，通过企业定期离岗培训和远程视频教学等手段推动人才队伍建设。第二，必须加大外来优秀人才引进工作力度。这首先要求各级政府必须加大人才引进鼓励政策的支持力度，吸引广大相关专业毕业生以及教师深入农村地区。同时可以积极鼓励动员社会组织、企业单位进入本地区从事人才培养输送工作，以产生良好的社会效应。政府应着力促进企业人才需求与求职者的需求之间的对接，如引导企业利用各种平台发布招聘信息。第三，需建立规范化职业化的本地电商人才培养机制，健全城乡地区人才流动机制，城市地区高端人才回流机制等基层人才队伍培养体系。

(4)物流网络支撑。物流是电子商务的必要支撑。目前，农村贫困地区普遍存在着物流体系不完善、物流配送成本高等问题，这极大地限制了当地的电子商务发展。要加强农村交通基础设施建设，掀起农村公路建设新高潮，大力实施国省县道烂路维修改造和农村公路建设计划，推进新农村公路路面硬底化和县乡公路危桥加固改造，彻底改善农村交通环境，加快实现村村通公交目标。要加快市场标准制定，强化农资以及农产品质量从源头到加工的全过程质量认证，提高农业生产和农产品的标准化程度，建立健全适应农村电子商务发展的农产品质量分级、采后处理、包装运输等标准体系。

利用先进的网络信息技术手段改造传统的农产品交易流通模式，通过政策吸引，不断完善与农村电子商务相适应的现代物流体系，增强农村电子商务物流配送支撑能力，使农产品可以快速且低成本地流通出去。在特色农产品产地成立专门的农产品流通企业，配备必要的农产品加工、包装、运输和储存、流通等设备，并对供应链各个环节制定实施标准，充分利用大数据、云计算、物联网等新技术实现各站点间的信息共享，提高物流仓库运作效率，降低物流成本。

加强商贸流通、供销、邮政等系统物流服务设施和网络的建设与衔接，在充分利用现有物流资源的同时以农村电子商务县级运营网络为支撑，引导邮政和快递业务延伸至农村，并利用村级综合服务站建立村农产品电子商务配送点，进一步提高农村物流配送能力，实现县镇村物流网络无缝对接。深化农村供销社改革，利用农村供销社和邮政的现有网点扩大农村物流覆盖率，逐步形成政府引导、国有企业和民营企业自主发展的快递配送模式。

5.3 中国农村电商扶贫路径保障

中国农村电商扶贫路径保障常见的有规划保障、组织保障、考核保障、制度保障(见图 5-6)。

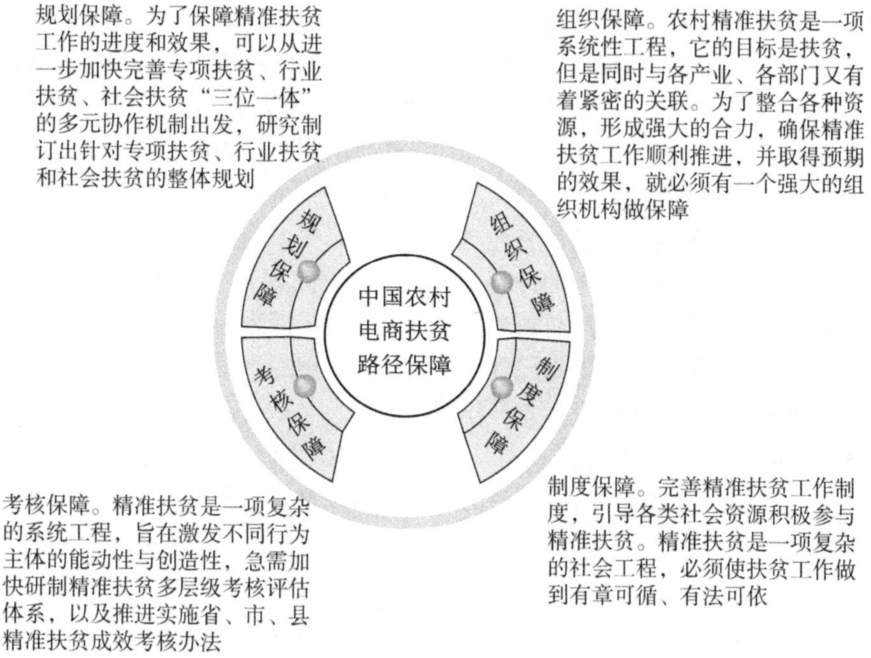

图 5-6 中国农村电商扶贫路径保障

(1)规划保障。为了保障精准扶贫工作的进度和效果，可以从进一步加快完善专项扶贫、行业扶贫、社会扶贫“三位一体”的多元协作机制出发，研究制订出针对专项扶贫、行业扶贫和社会扶贫的整体规划。根据到 2020 年在现有标准下，贫困人口全部脱贫的总体目标，按照全国扶贫开发任务分工，进一步明确国务院扶贫办以及各相关责任部门精准扶贫的每一项责任，形成详细的责任清单，避免扶贫任务重叠或者漏掉。

精准扶贫才能精准脱贫，应研究制订精准扶贫的任务完成进度计划，明确任务的完成次序，严格控制完成时间，避免相互推诿的现象。进一步研究制定社会参与扶贫的指导意见，明确社会参与扶贫的重点与导向，科学指导社会资金和扶贫资源投向最需要的地方，避免扶贫资源的重叠或低效使用，提高扶贫开发资源配置与资金使用成效。

规划不仅仅具有保障作用，同时也具有指导作用，而且更应当侧重其指导作用。因为规划的时期一般都比较长，所以通过规划可以确保农村精准扶贫工作的持续性，确保精准扶贫工作不会因地方领导的更换而变动。

毕竟发展更多是由市场驱动的，具有很大的不确定性，因而在规划中应当充分考虑到这些不确定性，使得发展具有更大的弹性空间，而不能使这些不确定性变成对产业发展的限制。例如，规划目标的制定应当更具一般性，具体目标上也应当留有一定的活动范围，具体的方式、手段等也不应当是排他性的。只有这样，才能在规划发挥其保障和指导作用的同时，为市场留出更大的发展可能性空间。

当然，规划的时期较长，一般至少是三年，更多的是五年或十年规划。因此，规划的实施还需要具体的计划来推进。根据规划，结合具体的发展形势，制订出具体的计划，并且随着形势的变化可以做出适当的调整，使得工作的推进更符合市场发展要求，这是规划发挥其积极作用的重要一环，同时也使得规划为精准扶贫工作的推进发挥指导作用。

(2)组织保障。农村精准扶贫是一项系统性工程，它的目标是扶贫，但是同时与各产业、各部门又有着紧密的关联。为了整合各种资源，形成强大的合力，确保精准扶贫工作顺利推进，并取得预期的效果，就必须有一个强大的组织机构做保障。

这样的机构不应限定于形式，更重要的是要形成统一的方向和目标，实现对各种资源的灵活调配和综合运用。因此，根据地方政府的组织形式和工作方式，首先需要有一个强有力的部门或领导来协调领导，同时在多个相关部门中达成共识，构建灵活的沟通协调机制，如在各个部门中设置专职人员等，可以更进一步推进精准扶贫工作顺利开展。

(3)考核保障。精准扶贫是一项复杂的系统工程，旨在激发不同行为主体的能动性与创造性，急需加快研制精准扶贫多层级考核评估体系，以及推进实施省、市、县精准扶贫成效考核办法。将实施精准扶贫第三方评估系统化、常态化、制度化，并贯穿于扶贫开发前期规划评审、中间过程评价、后期绩效评估的全过程，强化实施精准扶贫、精准脱贫的多主体、多层次与多目标性，创新精准扶贫第三方评估理论与方法体系。

在当前的政府工作方式中，考核已经成为一项基本制度。农村精准扶贫考核评估体系的建立应当充分结合各部门现有的考核评估体系，尽量在不增加过多考核指标的情况下，对现有指标进行适当的调整，加入电商的元素，使其尽量客观地反映实际工作的推进进度。考核目标的制定应当尽量符合当地的实情，且要有适当活动空间，不应由此迫使工作人员为实现不切实际的目标而做一些无谓的工作，甚至弄虚作假，这不仅利于工作的推进，甚至影响决策部门对形势的判断，进而形成错误的决策。

对农村精准扶贫来说，考核应主要从农村电商发展水平、电商对产业经济的促进作用以及减贫脱贫效果这三个方面来展开：①农村电商发展水平主要包括农村网络设施的完善程度、网络普及率、网络应用率、电子商务应用率、网销发展情况、网购发展情况、电商从业人数变化等方面。②电商对产业经济的促进作用主要包括产业总体发展形势(如产值增量、增速等)、企业应用率、电子商务销售额(或上行交易额)、应用电子商务的企业的发展变化(如网销占比、线下和线上销量的增速)等方面。③减贫脱贫效果主要包括人均收入变化、电商从业或相关人员的收入变化、脱贫人数、因电商而脱贫的人数、电商脱贫的返贫人数、精准扶贫的财政资金投入等方面。

基于农村贫困化时空演进的自然、经济与社会规律性，重点推进贫困人口识别精确度、贫困人口退出认同度、精准帮扶群众满意度、扶贫政策落实精准度、贫困农户综合参与度、精准脱贫措施有效度的“六度”评估，引导营造实施精准扶贫、精准脱贫的良性协同机制和良好社会环境。

(4)制度保障。完善精准扶贫工作制度，引导各类社会资源积极参与精准扶贫。精准扶贫是一项复杂的社会工程，必须使扶贫工作做到有章可循、有法可依。要完善精准扶贫识别程序、联合帮扶制度、工作经费专项制度、效果评估机制以及监管机制等各项制度。精准扶贫也是一件艰巨的社会事业，必须统筹社会力量共同为之。从宏观层面上看，要采取专项扶贫、行业扶贫、社会扶贫“三位一体”的大扶贫方式，整体推进扶贫工作。从微观层面来讲，要建立以驻村工作队和驻村干部为主，其他社会力量参与为辅的多元帮扶制度。

加快推进农村土地制度、金融制度和社会保障等相关制度改革，优先在贫困地区典型县域开展政策试验和制度改革试点，激发贫困地区要素资源市场，使其释放发展活力。加快推进农村土地管理制度改革，结合贫困地区土地利用特点及问题，重视盘活贫困地区农村低效闲置土地，建立跨区域的耕地占补平衡制度，增加农民资产性收入，减少扶贫项目土地使用限制。对精准扶贫过程中异地搬迁、光伏扶贫、危旧房改造等需要占用土地、占补平衡的建设项目，应在用地指标供给、规划调整、行政审批等方面予以特殊倾斜，确保扶贫建设项目如期保质完成。

创新国家政策性银行机制，建立精准扶贫专项基金制度。加大对贫困地区扶贫企业、农户的金融扶持力度，破解扶贫企业资金短缺、贷款困难的主要困境，取消公益性项目的基层资金配套政策。不断创新扶贫小额信贷金融扶持政策和实施模式，丰富金融信贷产品，建立完善的农户授信机制，让真正需要资金的贫困户直接获得无担保、无利息的贷款，做到金融扶持资金到户到人。

进一步创建和完善贫困地区社会保障、社会救助、商业保险体系。不断完善农村社会保障体系，增加精准扶贫保险种类，多样化投保档次，由贫困地区政府出资补助为特困人口购买新型农村医疗、养老保险。适应扶贫攻坚克难的新形势、新要求，加快完善社会救助体系，及时为突发重大伤病、重大灾害或其他重大变故家庭提供救助。完善农村房屋、农业、畜牧等财产险和政策性保险，减轻或避免重大自然灾害对受灾人口的经济冲击。加快制定低保和贫困标准，出台贫困线、低保线“两线合一”实施办法和保障措施。实行贫困村分类机制化，结合国家级政策(例如，国家发改委的主体功能分区、原环保部的生态功能分区等)整合资源，对不同类别的贫困村实施不同类别的脱贫支持政策，把“两项制度衔接”从户级层面扩大到行政村层面，在村级层面实行“应保尽保”和“应扶尽扶”，尤其是对列入国家禁止开发区和部分列入限制开发区的贫困村以保代扶，推行政策性帮扶措施从而实现精准扶贫。

第6章 中国农村电子商务精准扶贫创新模式研究

习近平总书记2013年11月首次提出精准扶贫，此后他在2015年1月、6月、10月等多次提到精准扶贫战略。李克强总理也在2014年政府工作报告中明确提出“要创新扶贫模式，实施精准扶贫”。精准扶贫是党的十八大以来，以习近平同志为核心的党中央，为全面实现小康社会，高瞻远瞩、深谋远虑，把扶贫开发工作提升至治国理政新高度并广泛凝聚社会各界力量而推进实施的一项重大举措。

随着我国电子商务的迅速发展，电子商务已成为我国精准扶贫的重要手段。所谓电商扶贫，就是以电子商务为手段，拉动网络创业和网络消费，推动贫困地区特色产品销售的一种信息化扶贫模式。电商扶贫包括通信等基础设施建设、平台建设、物流体系构建、电商人才培训、融资补贴等诸多措施，只要有利于促进贫困地区电商发展的措施，都可被纳入电商扶贫的工作范畴内。电子商务扶贫具有解放人民思想、有力地促进商品和各种生产生活要素的流动、削弱妨碍公平竞争的制约因素、降低交易成本、推动全国甚至全球统一市场的形成与完善、更好地实现市场对资源的基础性配置作用、扩张基地规模、扩大市场需求、优化产业结构、助推“一带一路”建设、带动一二三产业融合发展、提高从业人员素质、倒逼物流快递业优化升级、推动产品供给侧结构性改革、助推相关产业转型升级、提升政府部门办事效率、促进电商与科教、旅游、文化等产业结合、强力推动大众创业万众创新等诸多功能。

2015年初，国务院扶贫办将电商扶贫列为十大精准扶贫工程之一。陕西省也非常重视电子商务促进陕西农村精准扶贫和转型升级问题。陕西省十二届人大四次会议上，时任省长娄勤俭在政府工作报告中提到，2016年要围绕“互联网+”发展新型业态，发展精准农业和农村电商。2016年5月，陕西省商务厅陕西省扶贫开发办公室发布了《陕西省电商扶贫政策措施》，这为电子商务促进中国各省农村精准扶贫奠定了政策基础。

长期以来，受城乡二元经济结构影响和农村生产力水平低下的制约，中国各省广大农村地区特别是贫困地区仍存在农业生产分散、规模小，产业未形成集聚规模效应和完整的产业链，品种结构比较单一、与市场需求不匹配，从业人员文化层次和信息素养低、电子商务相关知识薄弱、电商人才缺乏，物流等基础设施建设水平较低、物流配送专业化、标准化、信息化服务能力较差，效率较低、成本较高，农产品品牌意识不强、品牌知名度不高，未找到适合农村电商实际情况的盈利模式等诸多问题。作为全面小康的短板，贫困地区急需依托精准扶贫实现全面小康。

由此可知，电子商务可以有效解决中国各省农村现存的上述主要问题，已成为我国精准扶贫的重要推手，尤其对促进农村转型升级，实现农村精准扶贫具有极其重要的作用。本章基于上述背景和中国各省农村、精准扶贫、电子商务发展现状，结合国内外先进经验，针对电子商务促进中国各省农村精准扶贫和转型升级现存问题，研究符合中国各省实际的电子商务促进中国农村精准扶贫和转型升级路径的问题并给出具有针对性的对策和建议。

6.1　电商带动中国农村三产融合发展模式

目前，中国农村一二三产业融合还处于初级发展阶段，融合程度低、层次浅，新型经营主体发育较慢，产业之间互联互通性不强，产加销、贸工农出现脱节，大宗农产品的产业链、价值链发展不充分，急需在下一步发展中完善和加强。

电子商务作为一种依托现代信息技术进行的新型商务活动，是推动一二三产业深度融合的重要引擎。其中，农村电子商务是转变农业发展方式的重要手段，是精准扶贫的重要载体，贯穿在农业与二、三产业融合的整个过程中。电商带动中国农村三产融合发展模式中，应以布局优化、产业融合、品质提升、循环利用为重点，充分发挥现有市场资源，积极与第三方平台开展合作，并支持本地化、特色化农村电子商务平台，培育多元化农村电子商务市场主体，鼓励电商、物流、商贸、金融、供销、邮政、快递等各类社会资源加强合作，实现优势资源的对接与整合，从而推动三产融合发展。一二三产业主要解决的问题见图 6-1。

电商带动中国农村三产融合发展模式中，一产重点解决品种和规模的问题。即依据电商大数据、电商云等技术手段，实现农村生产环境的智能感知、预警、决策和分析，通过专家在线指导，引导农村生产并为农村生产提供精准化品种和规模种植指导、可视化管理和智能化决策，解决适合中国农村实际情

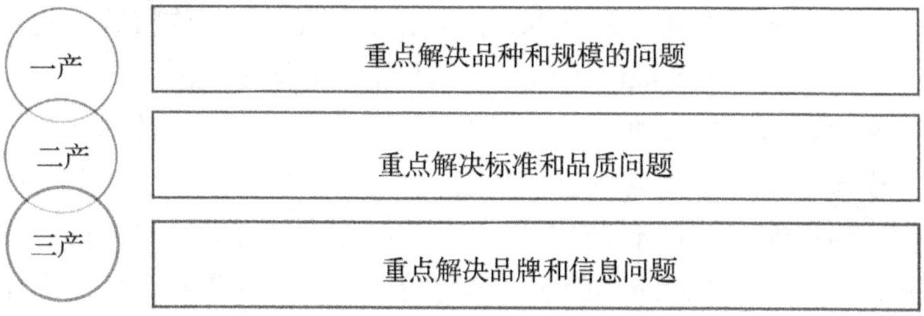

图 6-1　一二三产业主要解决的问题

况的特色品种选择及与之相匹配的市场需求和生产规模问题。

二产重点解决标准和品质问题。即以农产品的深加工带动农业发展为主要目标，对特色农产品、生产经营主体和产地进行统一编码，建立农产品电子化产地编码和溯源码编码体系，开具产地证明，依据标准化操作规程定制生产档案，依据全面质量管理理念，记录农产品生产加工全过程质量安全信息，建立包括门户网站、手机短信和触摸屏信息服务终端等的农产品质量安全溯源通道和相关机制，解决农产品生产过程中无标可依或有标不依，导致农产品品质缺乏公信力的问题。

三产重点解决品牌和信息问题。在抓好农产品生产的同时，应着力打造农产品、民俗产品、乡村旅游等知名品牌。应支持重点龙头企业与农村合作社共同打造农产品品牌，同时积极指导其进行营销，创新农产品营销渠道和强化服务监管。在信息方面，前期注重依据相关信息解决农村资源优化配置问题，中期注重农产品生产加工的数字化、智能化和精准化问题，后期注重依托物联网、大数据、云计算、VR 等信息技术实现特色农产品线上和线下精准营销。

6.2 “物流+电商”一体化协同发展模式

当前，中国农村电子商务与物流的合作尚处于较低水平和层次，两者尚未形成符合中国农村实际情况的全过程、全环节、全方位，基于社会化服务的统一、长期、高效，能快速响应市场需求且收益共享和风险共担的命运共同体。由此可知，应基于云技术、人工智能、物联网等大数据技术，挖掘市场趋势数据、用户行为数据、流量数据、订单数据、采购数据、库存数据等，设计面向精准扶贫并符合中国农村实际情况的全过程、全环节、全方位，基于社会化服务的物流+电商一体化协同发展模式。这种一体化发展模式，以识别两者合作的共同利益点为基础，以物流为桥梁，将电子商务和客户有机结合，构建从农户—电商平台—配送物流—客户终端，就目标、服务、运作模式、规范等方面协同合作的闭环式农特产品物流电商一体化全产业链模式。

具体来说：两者要以动态开放的理念，在整个产业供应链框架下，建立统一的运作模式，共建公共信息服务平台，整合社会物流信息，合理仓储和保管，科学运输和配送，倡导企业物流管理、物流规划方案、物流信息等方面的增值性服务，并共同协定统一的服务和评价标准，明确相互责任分配和合作机制，确立电子商务与物流企业合作的规范，最终形成平台效应，实现物流网、配送网、服务网、信息网四网融合的一体化合作共赢和协同发展。

该模式应具备供应链网络库存管理能力，提供多模式支持，多服务主体支持，供应链可视化，能够支持作业流程控制，能够智能化地驱动仓库作业，提高效率；提供RF支持，保证更精确的仓库作业，提供多种格式的EDI数据导入，提供VMI，CrossDocking，MIT等支持。另外，该模式可将物流链融入电子商务下的交易链中，形成上游供应商与电子商务企业、供应企业与配送中心、中游配送中心与电子商务企业、下游电子商务企业与客户间的多向的、复合的交易链，从而实现提升物流服务和扩展电子商务平台的双赢。

6.3　构建电超对接双流通模式

传统的农超对接双流通模式是以城市配送中心为载体实现农村与城市超市和便利店的双向流通。电超对接双流通模式则是以网络电商平台为载体、以城乡物流配送体系、连锁商业网点为依托，通过线上线下O2O融合发展，经过严格的实名认证、资质审核和服务验证，构建化肥、农药、种子、生活用品等商品能下乡到户，水果、蔬菜等农特产品能上行到超市、便利店及客户终端的一种可实现门到门的产销一体化市场双流通体系。该模式与传统农超对接双流通模式相比，减少了城市配送中心等中间流通环节，可实现一站式对接，信息传输及配送流通速度更快、成本更低，效率更高，更吻合农产品常年生产，集中使用、单位体积价值较低、仓储和资金使用规模大，效率低等特性，对接更加精准、高效。

该模式主要是通过电子商务，经过严格的实名认证、资质审核和服务验证，为优质农产品进入超市搭建网络虚拟电商平台，可通过农民和商家直接签订意向协议书，或通过当地政府向双方担保，农民和商家再签订意向协议书，由农民通过电商平台向超市、菜市场和便民店等商家直供水果等农产品，同时不需要任何中介、代理、批发、零售等中间环节，直接在电商平台上购买上述商家的化肥、农药、种子、生活用品等商品并送到农村千家万户。

该体系将现代电子商务流通方式引向广阔农村，将千家万户的农民与千变万化的大市场对接起来，构建市场经济条件下的产销一体化链条，市场需要什么，农民就生产什么，既可避免生产的盲目性和随机性，稳定农产品销售渠道和价格，又可减少流通环节，降低流通成本，给消费者带来实惠，实现政府、商家、农民和消费者四方共赢。

另外，若农业基地距离城市较近，可采取具有“互动、体验、信任”三位一体特性的农业基地+互联网+社区 O2O 社区电商新模式、让消费者获取更快捷、便利、高效的服务。该模式可使贫困地区群众享受与城市居民相同的网购便利化，促进特色农产品销售，提升农产品的商品化、标准化、品牌化和整体发展水平，以产业发展带动农民脱贫工作。

6.4 构建互联网金融+农产品电商实物双渠道营销新模式

运用“互联网+”思维，以数据分析为引擎，以农产品创新为驱动，整合农副产品和涉农金融优势资源，着力构建集资金流、信息流、物流和商流为一体的、开放的互联网金融+农产品电商实物双渠道营销综合电商服务新模式。比如构建“互联网+涉农金融智能化+物流电商信息化+农产品电商实物双渠道营销”新模式，“互联网+涉农金融+农产品实物营销+物流电商深度融合”新模式，“互联网金融+涉农跨境电商+智慧物流+农产品实物营销”新模式，“互联网金融+电商物流一体化+农产品实物营销”等新模式，加快中国农村贫困地区实现精准扶贫、脱贫。

互联网金融的资金来源，部分可采用“领投+跟投”模式。在该模式中，领投人一般需要具备投资领域经验和很强的风险承受能力。与此同时，领投人需要通过详细调查、估值议价等措施，对涉农融资项目进行筛选分析，并与跟投人分享经验，予以风险提示，带领跟投人进行投资活动，协助创业融资者尽快完成融资。融资额度大多会有限制，领投人的融资额度为项目融资额度的 5% 至 50%，跟投人最低不得少于 2%。领投人还需要维护投资者与创业融资者之间的关系，并在融资成功后获得融资项目的股份或者跟投人的收益分成。

可通过互联网、物联网等网络技术与虚拟现实互动技术、声光电等多媒体展示技术的融合，建设农特产品 O2O 体验中心。进而，基于该中心结合客户大数据，采取互联网+融合发展思路，全面打通客户会员体系、支付体系，同时实现与银行金融产品体系的对接，构建一套打通金融产品O2O的商业基础体系，实现金融产品线上线下交易、会员营销及会员服务无缝联通，形成线上线下闭环效应。

6.5　构建VR(虚拟现实)业务模式

该模式可依托各区域农村特色产品O2O体验中心，开发具有农村本地化、乡土化、特色化的VR应用平台。该平台是集农村文化、旅游、人文、种植领养、可视化、虚拟现实、家庭等特色为一体的。

VR利用电脑模拟产生一个关于视觉、听觉、触觉等感官的三维空间虚拟世界。用户进入体验中心，通过VR设备成为场景中的演员，遇到虚拟的人、产品以及虚拟的场景，使客户如身临其境一般，及时、无限制地体验产品的生产、加工过程，了解每一款产品背后的故事并可随时影响周围环境。使用者进行位置移动时，电脑可以立即进行复杂的运算，并将精确的3D世界影像传回使其产生临场感。这对用户来说是一次非常新奇的体验，这种体验也大大激发了他们对产品的购买欲望。

6.6　打造智慧农村电商物流模式

可依托互联网、大数据、云计算、物联网等智能化技术，搭建智慧农村电商物流体系架构，使农村电商物流系统能如同人一般，具有思维、感知、学习、推理判断和自行解决农村电商物流中某些问题的能力。

主要通过RFID、传感器、移动通信技术等，加强物流信息编码、物流信息采集、物流载体跟踪、自动化控制、管理决策支持、信息交换与共享等领域的物流信息技术创新，实现配送货物自动化、信息化和网络化。重点推进RFID、物联网、云计算技术在农村电商物流智能化管理方面的应用，在农产品流通过程中获取信息从而分析信息做出决策，使农产品从源头开始被实施跟踪与管理，提高农村电商物流企业运作的信息化、标准化、智能化、智慧化、专业化水平，打通农产品物流信息链，推进全程透明可视化管理，提高农村专业化物流和供应链服务水平，推动农村电商物流企业从传统走向现代，从低端走向智能。

在智慧农村电商物流配送网络方面，以农产品基地为中心，立足区域公路、铁路等资源，率先依托RFID、互联网、大数据、云计算、物联网等智能化技术，打造城际配送网、城市配送网和城乡配送网“三网”融合模式。进而，各方协同合作，将集货、分货、仓储、运输、包装、咨询等服务功能结合起来，建立可靠的质量和安全保障，形成多层次物流配送网络，为客户提供差异化的快速响应配送服务。在农村冷链智慧电商物流建设方面，以冷库和冷链配送中心为依托，在城市社区和村镇布局建设农产品共同配送末端网点，形成层级合理、规模适当、需求匹配的冷链农产品电商物流仓储配送体系，以达到农村精准扶贫的目的。

6.7 构建农产品基地+电商+城市社区模式

依托电子商务基础数据库和社区服务网点，通过打造线上线下一体化管理和运营团队，以基于手机APP的电商平台为核心，建立“农产品基地+电商+城市社区”的直配新模式。可按照“差异化、特色化、品牌化”的思路，依托众筹、O2O、P2P、数字货币、VR等互联网金融技术和手段，建立农产品产销网络对接平台，深耕“三农”，深入社区，在城市社区设立农产品体验店、自提点和提货柜，提供农产品电商、商超、社区店、餐饮、大客户等的采购信息，进而，建立基地智能管理服务平台，提供种植计划、实时产量、后期库存等信息，促进农村电商与农用工业品、消费品电商融合发展，同时推动乡村旅游、乡村民宿、订制领养等转型升级、快速发展和农民创业增收。

6.8 创立“三零模式”

投入“零成本”，经营“零风险”，就业“零距离”，河北省平泉市“三零”精准扶贫模式，让想干事又承担不起风险，想做工又无法外出的贫困百姓轻松脱贫致富。河北平泉的“三零模式”，是对精准扶贫政策的深读、创新。有了这种接地气的创新模式，才让精准扶贫的政策真正落了地、生了根、见了效。

精准扶贫需要因地制宜。各地的情况有异，需求也就不同。精准扶贫就是要综合分析本地的因素，从生态环境、交通环境、产业分布等角度着力，找到最适宜的扶贫项目。在扶贫政策的框架内，大力发展扶贫事业，需要地方政府下苦工夫、花大心思。

精准扶贫需要因人制宜。制定好政策、引进好项目之后，还要分析扶贫对象。因病致贫和因懒致贫当然不应同样对待。只有精准分析，才能让扶贫资金的运用效率提高，才能让扶贫工作见到实效。

精准扶贫还需要因事制宜。平泉的“三零模式”实际上是风险转移模式，也是企业与家庭之间建立的“点对点”模式。这种模式在河北适用、在农产品种植上适用，但要直接平移到其他地区、其他产业可能就不那么有效了，所以还是要综合分析，找到平衡点、着力点，才能看到好效果。

精准扶贫需要模式创新，要用灵活的方式，主动去引导、刺激受助群体，激发他们脱贫的积极性和行动力，才会取得喜人的效果。

第7章　中国农村电子商务物流精准扶贫创新模式研究

随着农村经济的发展，中国农村物流体系不断完善。然而，由于广大农村地区经济环境和地理环境的巨大差异，中国各省农村物流资源的分布也十分不均衡，农村物流系统的组织模式差异很大，下面将详细介绍。

7.1　邮政+中小物流模式

由于邮政企业在我国各地都有着比较完善的电商物流体系，并且邮政企业基本设立在城镇街道以及交通便利的地方，与中国各省农村地区具有一定的分散性，所以中国各省农村要是单靠和邮政企业合作的话，整个物流成本就会大大增加。再加上近几年来，电商物流的流行，邮政企业古老单一的物流模式已经难以满足现代中国各省农村市场的要求，邮政企业物流体系和运营模式都需要做出相应的改变。为了解决邮政企业难以满足中国各省农村物流市场的问题，邮政企业毅然决定选择和中国各省农村各中小物流企业合作的模式来满足中国各省农村当地的物流市场需求。邮政企业和中国各省农村各中小物流企业通过合作共赢，把邮政物流系统和各种小物流企业的物流系统相结合，从而形成信息融合，在结合后的大物流系统中选择最佳运输路线，并把从城镇往农村的物流，让各中小物流企业去运营，这样一来，邮政企业不但不用投入更多的物流成本，就可以满足中国各省农村电商物流市场的需求，达到完善中国各省农村电商物流体系的目的，而且通过和各中小物流企业合作的模式对于邮政企业发展现代化标准物流体系有很大帮助。

对于各中小物流企业来说，它们由于周转资金有限，并且规模相对邮政企业来说较小，在自主开发中国各省农村电商物流市场时是有很大难度和风险的。而通过和邮政企业的合作模式，各中小物流企业相当于拥有了邮政企业这个后台支柱，大大减少了中小物流企业独自发展时的风险，并且通过与邮政企业合作的模式，可以增加各中小物流企业的资金实力，各中小物流企业就可以在稳定开发中国各省农村电商物流市场的同时逐渐完善它们的物流体系建设，并快速壮大其发展规模。邮政+中小物流模式见图 7-1。

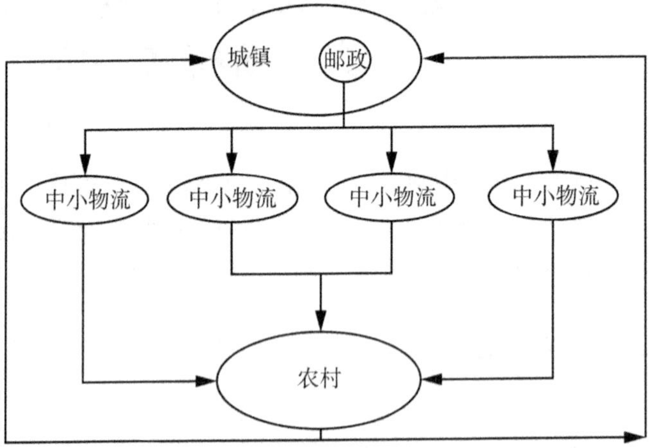

图 7-1　邮政+中小物流模式

7.2　中小物流+公交系统+自助服务站点模式

中小物流企业资金实力不够雄厚，发展规模较小，导致它们的服务覆盖范围较小和服务质量偏低。在发展迅速的中国各省农村电商物流市场中，中小物流企业想要占据一席之地还面临着巨大的挑战。由于各中小物流企业一般的发展模式都是从省市级经济发达地区向乡镇物资缺乏的偏远地区发展，所以说所需要的物流资本还是比较大的，中小物流企业还没有运营如此大规模分散物流市场的能力。所以在中国各省农村电商物流发展的初期阶段，各中小物流企业应该扩大合作规模，通过合作的方式来增加自身的市场占有率。

中国各省城镇公交系统具有集中到分散和分散到集中的特性。公交系统的公交车都有固定的班次，会按时回到公交车公司，也会按时分散到各个乡镇。而且公交车基本十几分钟就一趟，集中和分散的频率都特别高。而公交系统和自助服务站点的结合就可以实现中国各省农村和城市之间的双向物流。中国各省农村地区将当地的产品寄托给自助服务站点，然后通过公交系统将中国各省农村的产品“带出去”。这种模式也可以将经济发达地区的产品通过公交系统带到自助服务站点，再由收件人通过取货编码自行取件，从而到达“引进来”的目的。而近年来随着政府政策的实行，农村多地修建了自助服务站点，这大大降低了中国各省农村电商物流成本。中小物流+公交系统+自助服务站点模式见图7-2。

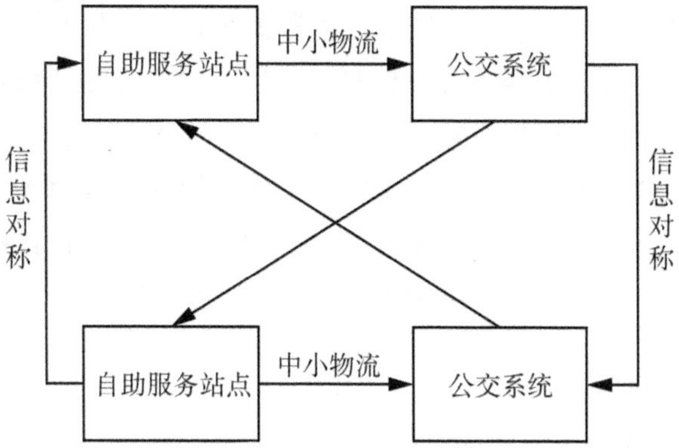

图7-2　中小物流+公交系统+自助服务站点模式

7.3 第三方物流下的农村电商物流供应链模式

由于物流业的快速发展，中国各省农村也出现了大量的第三方物流企业，而第三方物流下的农村电商物流供应链模式也是在此前提下发展中国各省农村电商物流的新模式。该模式是通过分散在城市各地的众多第三方物流企业和中国各省农村当地的电商物流服务平台共同开发中国各省农村电商物流市场。城市规模较大的物流公司负责中国各省农村电商物流体系的建设，农产品物流的管理和运营以及生产、运输、销售、会计财务、售后等工作，而中国各省农村当地的电商物流服务平台则负责中国各省农村综合电商物流体系、电商物流信息服务平台、农村物流基础设施等方面的建设。

该模式作为一种现代化物流模式下新的供应链管理模式，目前已经运用到了中国各省农村电商物流发展中，这种模式建设了“城市商贸企业—第三方物流—农村电商物流服务平台—农村自助服务站点”四个环节双向的供应链结构网络。在城市和农村交界处建立现代化的物流中心，该物流中心包括自建仓库和物流办公室，主要功能是进行货物储存、二次加工和货物中转。然后在中国各省城市和农村各地分别建立现代化的电商物流服务中心，通过这些服务中心完成展示样品、接收订单和产品服务等工作。把城市地区的商贸企业作为供应链的上游客户，将它们的产品销售信息发布到中国各省农村自建的电商物流服务平台上，从而使中国各省农民通过最简单直接的方式在电商物流服务平台下单购买自己需要的产品。同时，通过这个双向服务平台，农民也可以将中国各省农村的农产品销售信息发布到电商物流服务平台上，从而使得农产品的销路大大增加，这也解决了中国各省农村农产品销路少的问题。在这种模式下，整个供应链的运作流程和运作方式都由上游第三方物流企业管理，而中国各省农村下游则需要配合上游从而形成整个物流工作的闭环。该模式下，上游第三方物流企业通过强有力的执行力构建了第三方物流下中国各省农村电商物流完整的供应链体系，进一步实现了中国各省农村农产品“走出去”和城市产品“引进来”的双向物流过程。

7.4　电商物流一体化模式

由于电商物流已成为中国各省农村物流发展的新模式，所以在中国各省农村物流活动中，时常存在电子商务的影子，实际发展中，电商和物流已经融合在一起，成为一种新模式。可是在电商和物流衔接这个环节，中国各省农村物流做得还不够好，本书通过研究分析提出了电商物流一体化的新模式来满足中国各省农村物流市场的需求。电商物流一体化模式是将电商大数据引入物流体系中，使其更加完善，从而带动中国各省农村物流龙头企业的发展。电商和物流紧密联合，提高了中国各省农村企业的竞争力。对现代物流来说，大多数人已经习惯电商物流，所以电商物流一体化模式的提出对中国各省农村电商物流的发展有着重要的作用。电商物流一体化模式在原有的物流体系中，增加了几个一体化模式独有的环节，网络订单使得客户下单更加高效，大物流系统的仓储和运配管理使物流活动更加方便，网络售后服务也为中国各省农村物流节省了很多人力和财力成本。这种模式结合了电商和物流的所有优势，将电商产业和物流体系完美融合，为中国各省农村电商物流发展做出了巨大的贡献。电商物流一体化模式见图 7-3。

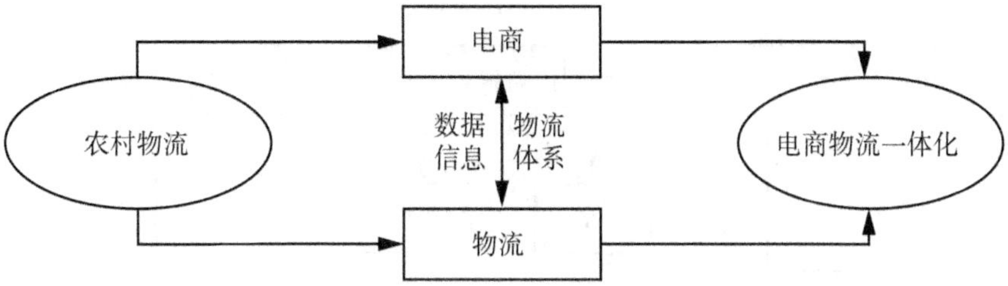

图 7-3　电商物流一体化模式

7.5　支付+电商物流+扶贫一体化模式

在中国各省农村电商物流发展过程中，完善电子支付渠道是其中重要一环。应积极探索“支付+电商物流+扶贫”一体化模式，开展技术帮扶。完善电子支付功能，使之既有助于当地农产品外销，又能让当地农民生产生活中支付更加快捷，以丰富农民的生活消费方式，从而促进电子商务物流的快速发展。支付+电商物流+扶贫一体化模式见图 7-4 和图 7-5。

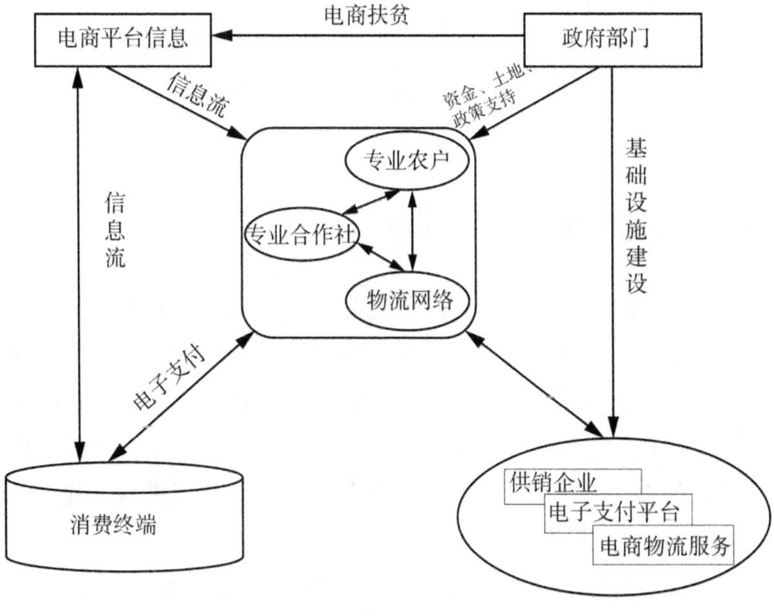

图 7-4　支付+电商物流+扶贫一体化模式(一)

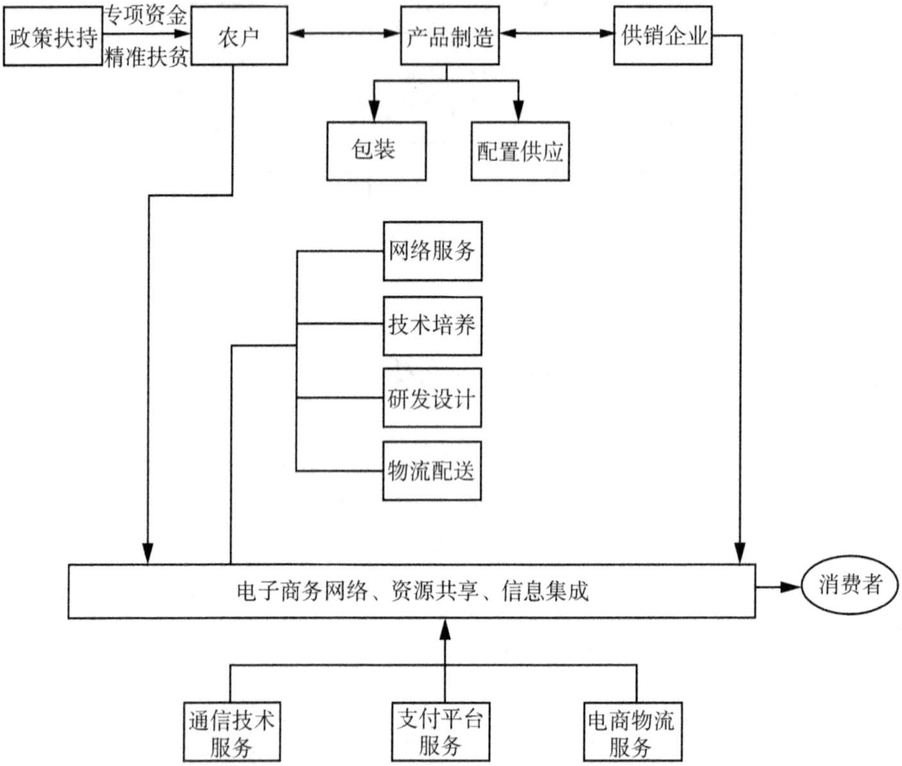

图 7-5　支付+电商物流+扶贫一体化模式(二)

7.6　农超对接+双向物流模式

中国各省各农村地区供销合作社应以“农超对接”为突破口，在实施精准扶贫的大环境下，大力推进本省各县级地区农产品产销对接工作，以使对口帮扶取得较好成效。在这个过程中低效物流会增加成本，使城乡消费品价格上升。通过对这个过程各个环节进行合理规划、资源整合、流程重组，构建城乡双向互动的农超对接新模式，可以有效降低商品成本，促进城乡共同发展。农超对接+双向物流模式见图 7-6。

城市配送中心是该模式的主要节点，是城市与农村物资配送的中心环节。城市配送中心根据载荷情况，通过集中物流将货物运到各城镇配送点和农村超

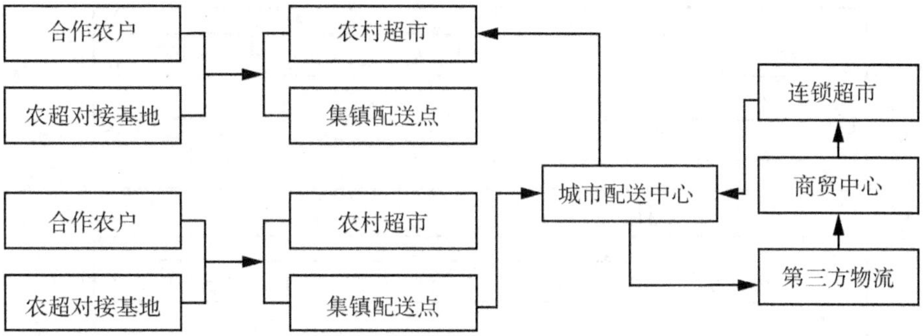

图 7-6 农超对接+双向物流模式

市配送。同时，农副产品将通过合作家庭和对接基地被送到农村超市或城镇配送点，然后由城市配送中心送到城市超市门店和商贸中心。

(1)传统超市+专业合作社+农户+第三方物流双向物流模式。从农超对接物流配送环节和运输方向来看，农村日常生产生活所用农资、日用品等的流向是城市到农村，而农产品物流则相反，大部分是由农村到城市。因此，传统超市+专业合作社+农户+第三方物流的农超对接模式包含农村生产生活日用品、日常农用物资以及农产品配送两个配送体系。目前这两个配送体系相对互相独立。通过超市，农户与第三方物流公司合作，可以将这两个互相独立的体系抽象为 3 层，即农村层、中间层(第三方物流层)和超市层(见图 7-7)。

农村层包括农户、农村合作社、供销社、农村超市及农村物流收投点等。农村合作社通过整合农户资源为城市等其他地区提供大量优质农产品，相反，农村超市、供销社则通过政府精准扶贫多方面的扶持为农民提供日常生产生活所需物品。此外，农村合作社由多家农户构成，是农户进入整个市场的重要载体，同时也会成为一个利益共同体，以便实现整个环节最重要的保证产品质量的功能。

中间层主要包括第三方农产品配送中心、传统超市配送中心、农资配送中心等。通常利用第三方物流公司完成城乡之间双向货物的仓储、批发、流通等工作。中间层同时面向农村和超市两个层次，在整个流通体系中起着至关重要的作用。

超市层包括传统超市、便利店、农产品市场中心等，直接面向零售端城市消费者，主要分布在城区。越来越多的零售端开始通过农超对接模式，以实现

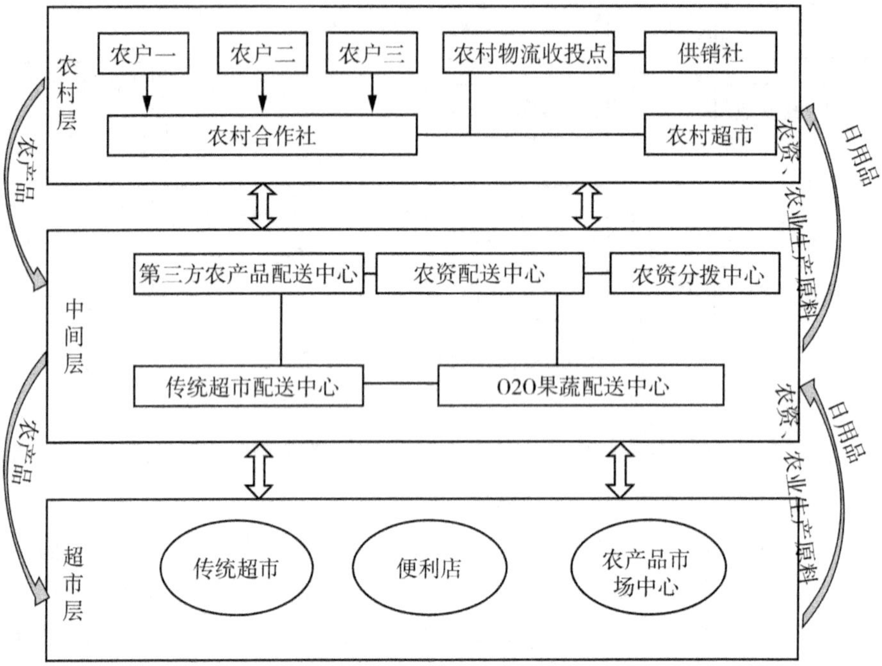

图 7-7　传统超市+专业合作社+农户+第三方物流的农超对接双向物流模式

最大限度的双向流通。

(2)电商超市+专业合作社+农户+第三方物流的农超对接双向物流模式。根据农超对接网络结构，结合平台不同客户的需求以及信息系统的功能，设计电商超市的农超对接双向物流模式，具体见图 7-8。

基于电商超市的农超对接双向物流模式主要由农村节点、电商系统和终端消费者通过网点进行统一管理，从而形成农超对接网络，具体包含如下功能：

①农户和终端消费者在电商超市中分别扮演卖家和买家的角色。双方通过电子商务系统进行交易，实时交易产生订单信息。电子商务系统再将该信息共享给农村节点，通过农超基地发货，第三方配送中心配送，及时将消费者购买的商品以合理的快递形式送到消费者手中。

②一方面农户根据电子商务系统中产生的订单信息实时进行农副产品采集、加工，并交至农超基地系统，另一方面第三方配送管理系统从电子商务系统中提取相关信息，安排配送计划。

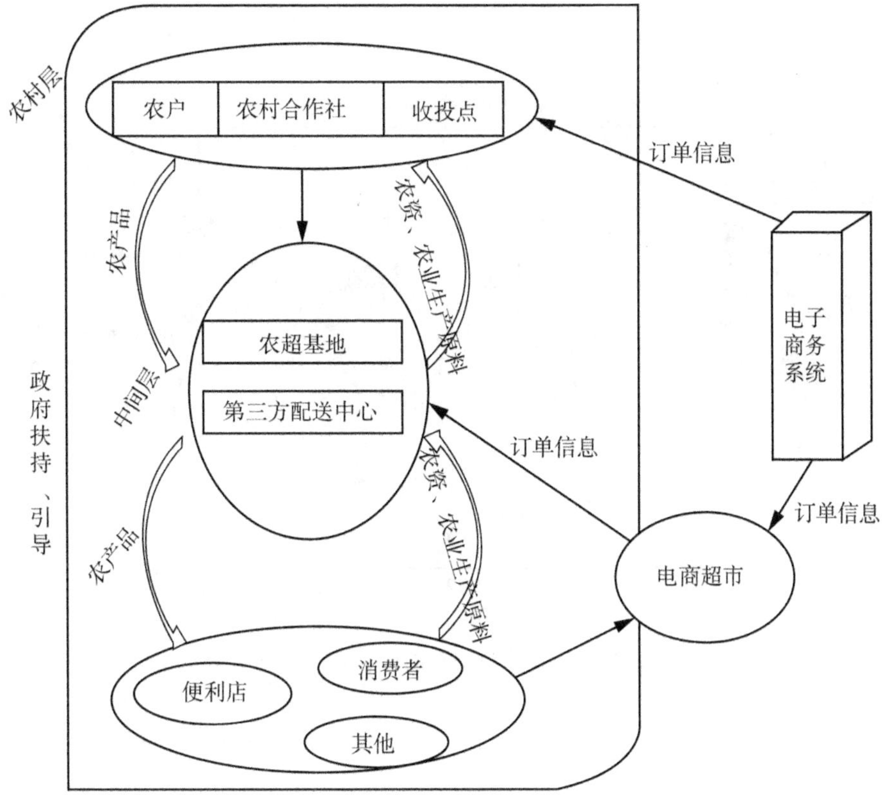

图 7-8 电商超市+专业合作社+农户+第三方物流的农超对接双向物流模式

③第三方物流企业将农资、农业生产原料等配送至农村网点，同时将农村网点准备好的农副产品装车，进行双向统一配送，减少单车、空车等物流费用。

7.7 地区推广实体经济+农村电商扶贫+现代物流发展模式

为了加快中国各省农村电子商务物流体系建设，应推进传统百货店、批发市场、连锁超市等大型专业市场和商业企业开设网上商城，大力推广实体经济+电子商务+现代物流发展模式，支持企业依靠自己的品牌在第三方平台开展网络营销、网上订货等业务，并逐步完善中国各省农村地区现代物流园、乡村、城市配送体系建设。地区推广实体经济+农村电商扶贫+现代物流发展模式见图 7-9。

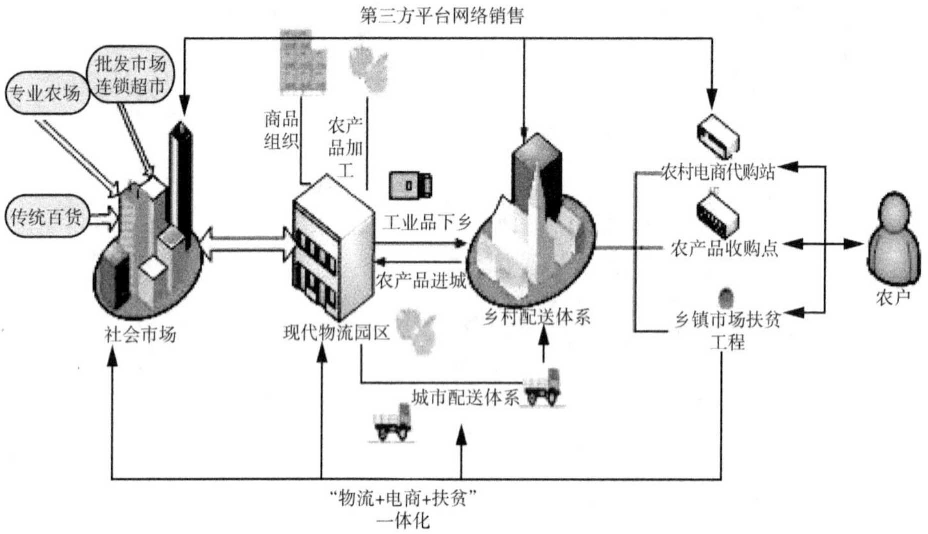

图 7-9　地区推广实体经济+农村电商扶贫+现代物流发展模式

第8章　中国农村电子商务精准扶贫实施路径研究

8.1　精准扶贫下中国支付+电商物流+扶贫一体化模式的实施路径

在中国贫困地区仍然存在通信、交通设施不完善等方面的问题。要发展中国农村电商物流，很多农村地区必然会面临农村电商基础薄弱、偏远农村市场化程度低、相应的物流配送成本高、电商物流方面人才稀缺、农产品缺乏规范标准等诸多不利因素。此外新兴的电商物流扶贫政策本身就是一项整体性的系统工程，需要具备统领全局的意识，也需要众多政府扶贫主体充分合作，同时应结合中国农村的物流体系，以便建立一个高效，完整，系统的电商物流扶贫模式。支付+电商物流+扶贫一体化模式路径优化见图8-1。

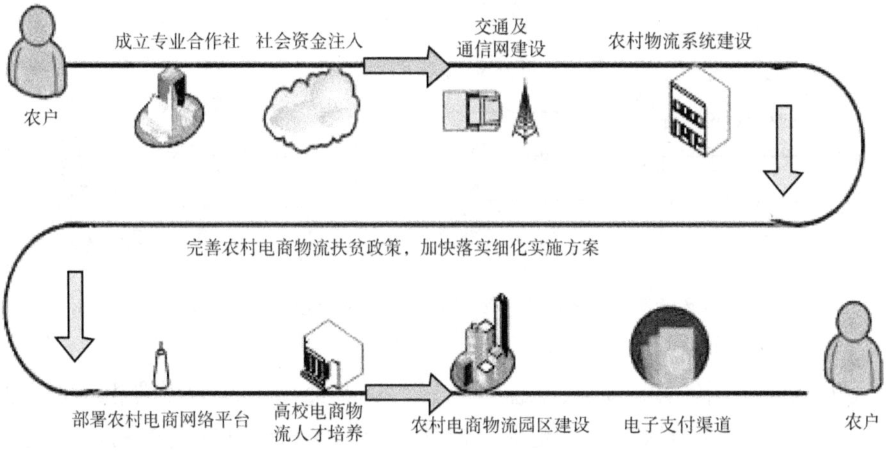

图8-1　支付+电商物流+扶贫一体化模式路径优化

首先，在新的精准扶贫环境下，政府部门应该通过更加细化中国农村电商扶贫实施方案的方式，进一步完善中国农村电商物流扶贫的相关政策。其次，还需要在地方设立政府扶贫机构，并指派相关负责人到地方进行监督，从而落实各项措施。最后，政府应该跟进解决中国农村交通、网络等基础设施不完善的问题，创建中国农村自己的电商物流服务平台，进一步建立中国农村独有的物流体系。在合理利用扶持资金的前提下，加强中国农村电商物流人才的培养和引进，从而进一步提高扶持资金管理水平，最高效地完成与物流服务企业的对接工作。另外，还应该吸取以往的经验和教训，从而探究出更加适合中国农村的扶贫方法，让中国农村物流具有更多的发展道路。

8.2　中国农村农超对接+双向物流体系建设的实施路径

中国广大偏远农村地区交通网络发展不完善，需要政府等社会力量加强高等级公路的建设，逐步改善中国交通网络欠发达地区农村的交通状况，并针对农产品流通困难，积极建立农产品快捷出入方式，提高农产品物流时间价值，降低农产品物流运输成本，确保农产品顺利流通从而为农业“农超对接”提供支撑。中国农村农超对接+双向物流体系建设的实施路径见图 8-2。

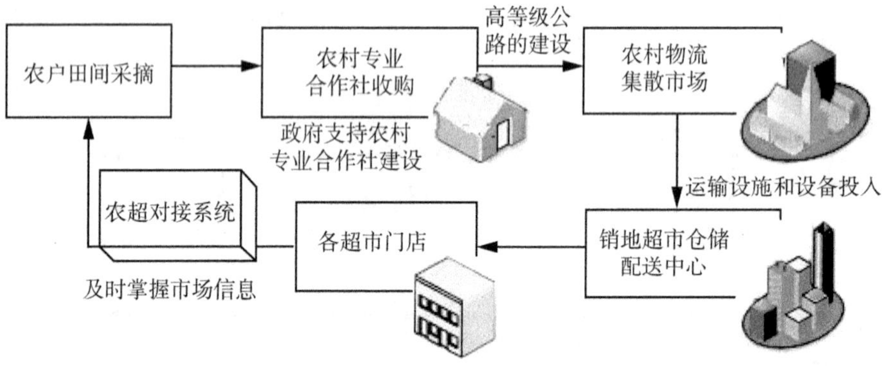

图 8-2　中国农村农超对接+双向物流体系建设的实施路径

为了加强超市在物流双向流通运作方面的能力，中国应该设置相应的农业合作社。还应该大力扶持示范企业，使其在中国农村建立完善的物流对接体系。由于农产品运输的物流成本太高，因此，它在物流配送中起着至关重要的作用。农产品一般不能快速响应需求，会存在一定的仓储成本，因此应该提高仓储设施的质量和仓储水平，从而保证农产品的质量。此外，农村物流信息的传递和准确也相当重要，农民只有快速地了解物流市场信息，才能减少损失，所以农业对接物流信息系统的创建也特别重要。

8.3　地区推广实体经济+农村电商扶贫+现代物流发展模式的实施路径

为了改善中国农村物流融合度低、扶持力度不够的问题，结合中国农村精准扶贫政策和物流模式优化，中国农村创建了地区推广实体经济+农村电商扶贫+现代物流发展模式，该模式在联通了城乡配送双向物流的同时，创建了新的物流配送体系，使中国农村物流业和其他产业平行发展，同时加大对中国农村人才的培养力度和对中国农村物流的投资力度，进一步促进了中国农村物流精准扶贫工作的进行。该模式在明确中国农村物流存在物流人才缺乏、网络环境差、基础设施不完善等问题的前提下，进一步确定了促进中国农村精准扶贫的优化路径，从而为解决问题提供了依据。地区推广实体经济+农村电商扶贫+现代物流发展模式的实施路径见图 8-3。

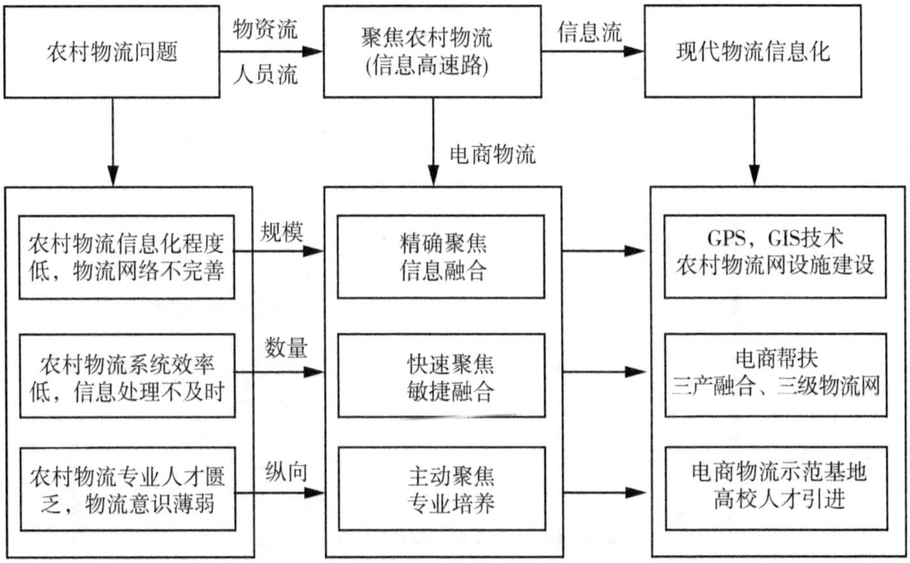

图 8-3　地区推广实体经济+农村电商扶贫+现代物流发展模式的实施路径

中国政府在中国农村物流发展方面也应该起到主导作用，应该在地区推广实体经济+农村电商扶贫+现代物流发展模式的基础上，建立中国农村的物流配送系统、人才管理系统和业务监督系统，合理利用专项扶持资金，引导中国农村农民自主创业，从而达到扶贫的目的。

最后也可以通过设立电商物流扶贫论坛，建立中国农村电商物流基地等方式，将先进物流企业引导到中国农村，形成合作互利关系，从而使中国农村电商物流带动中国农村精准扶贫的发展。

8.4 中国农村综合服务商+网商+传统产业模式的实施路径

这种模式是指利用当地综合服务商推动电子商务的发展，进而改造传统产业。其核心是“综合服务商”，即“网店服务中心”，它在电商集群化中主要负责制定相关的产销指标，规划管理服务内容，制定并推行农林产品的产销标准；

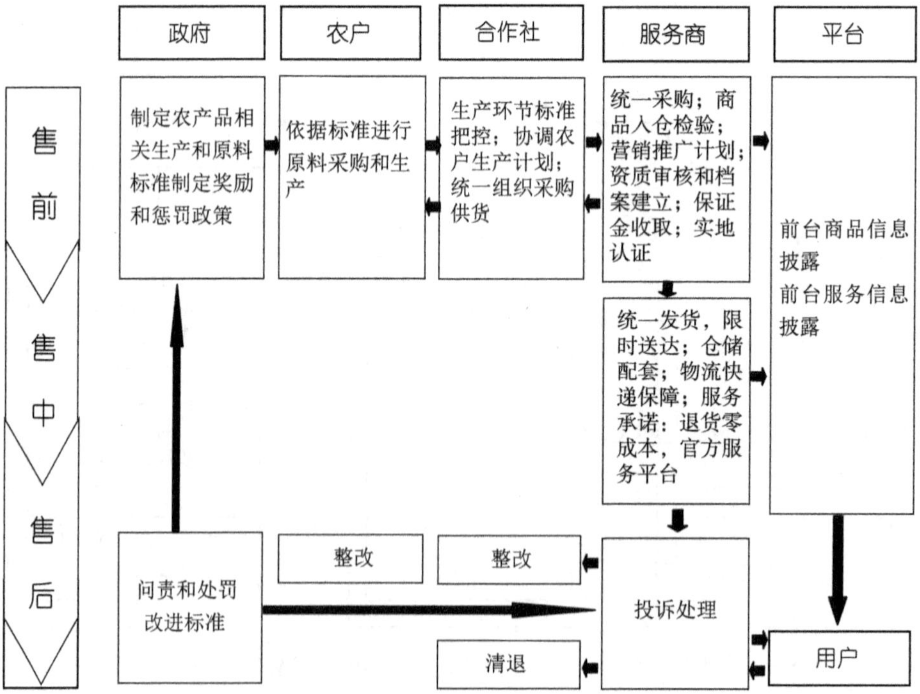

图 8-4　农村综合服务商+网商+传统产业模式中机制的构建

统一制作商品的数据包(图片、描述等)用于支撑网上分销商选货和网销；统一仓储，为网络分销商的订单统一发货并提供售后服务，有效将购买、存储、包装、配送等环节进行整合，从而节约了电商成本，有利于更规范的发展。

该模式的实现路径主要有三点：构建机制、利用政府的资金与政策支持、建立智慧供应链(以遂昌县为例)。

(1)构建机制：遂昌县将政府、农户、合作社、服务商、平台、用户与服务的售前、售中和售后完美结合，使整个体系更加完善健全。农村综合服务商+网商+传统产业模式中机制的构建见图 8-4。

(2)利用政府的资金与政策支持：遂昌模式在政府的支持下，充分利用社会各方力量为其提供更多更有利的资源。农村综合服务商+网商+传统产业模式中政府的支持见图 8-5。

(3)建立智慧供应链：建立基于互联网的农产品智慧供应链管理体系，组织农产品线上销售，其中主要包括农产品信息管理与预订、农产品质量可追溯、冷库仓储等体系。

图 8-5 农村综合服务商+网商+传统产业模式中政府的支持

8.5　中国农村区域集散地+电子商务模式的实施路径

“集散地”的规划充分发挥了交通便利，仓储和物流发达的优势。构建该种模式一定要有便捷的交通和开阔的地理优势，这样才可以更好地汇集各地的农产品，建立当地乃至全国重要的物流和仓储节点。在物流和集散地优势的基础上，为电子商务提供了最核心的竞争力——供应链，继而能提升当地电子商务整体的竞争力。以完善配套的电商园区为主要依托，可以大力吸纳外地电商到当地注册经营，更好地整合整个区域的资源，突破本地物产有限的约束，使商品更集中，买卖客商更多，信息交流更快。集散地+电子商务模式的实施路径见图 8-6。

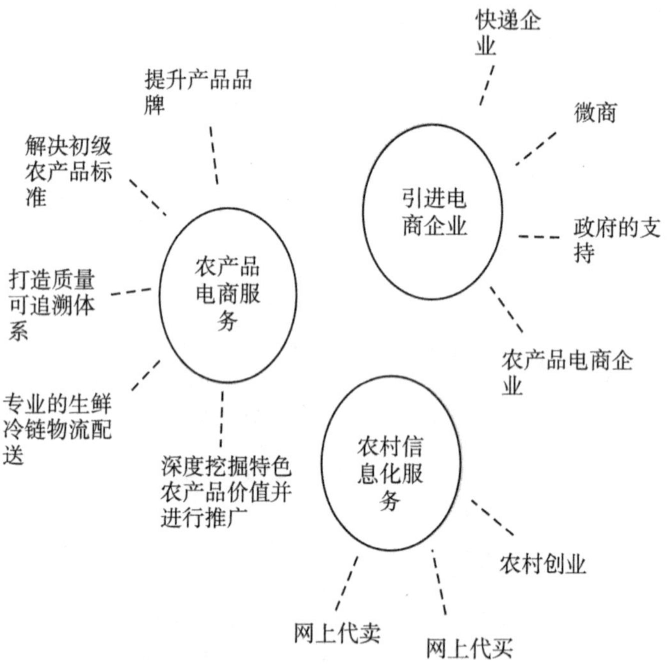

图 8-6　集散地+电子商务模式的实施路径

8.6　中国农产品供应商+联盟+采购企业模式的实施路径

这是一种 B2B 的模式，其中联盟是这个模式的核心，其主要任务是左手整合优质的农产品供应商(农民合作组织、合作社、生产基地和产品加工企业等)，右手整合品牌好、需求量大的农产品采购商(包括加工企业、餐饮集团和流通企业等)，中间还有多种涉农服务机构，为采、供双方提供以交易为核心的多种服务。无论是上游的供应商，还是下游的采购商，联盟主要整合的是有一定实力和信誉的企业，并不是面向个体和农户。农产品供应商+联盟+采购企业模式的实施路径见图 8-7。

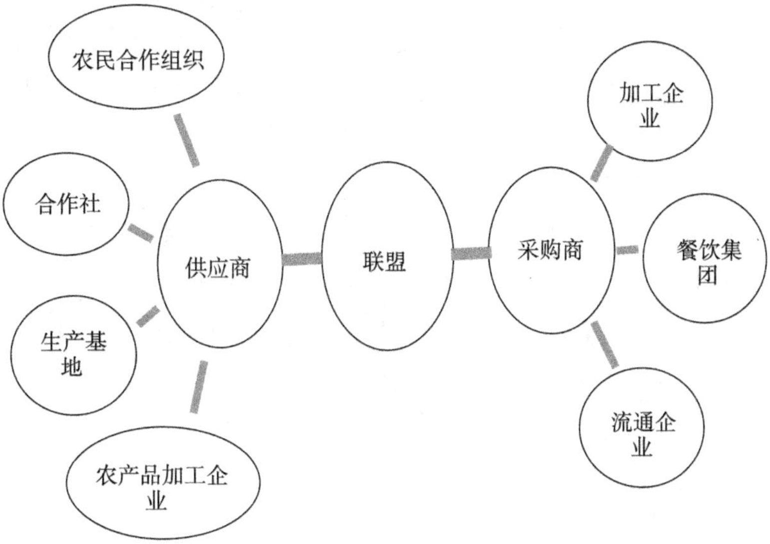

图 8-7 农产品供应商+联盟+采购企业模式的实施路径

8.7 赶街网+农村网上代购点+农户模式的实施路径

目前，农村消费者仍然承担着高昂的渠道成本，这与他们相对很低的经济收入极不匹配。赶街网解决的就是这个问题。“赶街网”其实就是一个“小淘宝”，上面围绕农村生产和生活的需要整合了大量的商品，包括农资；在每个村里物色一个代购点，一般是村里的小卖部，给它们配置电脑和宽带；代购点负责帮助农民下单购物，并从达成的交易里提成 10%左右作为自己的酬劳。赶街网不仅帮助农民购物，还提供缴费、购电及金融等多种服务。赶街网+农村网上代购点+农户模式的实施路径见图 8-8。

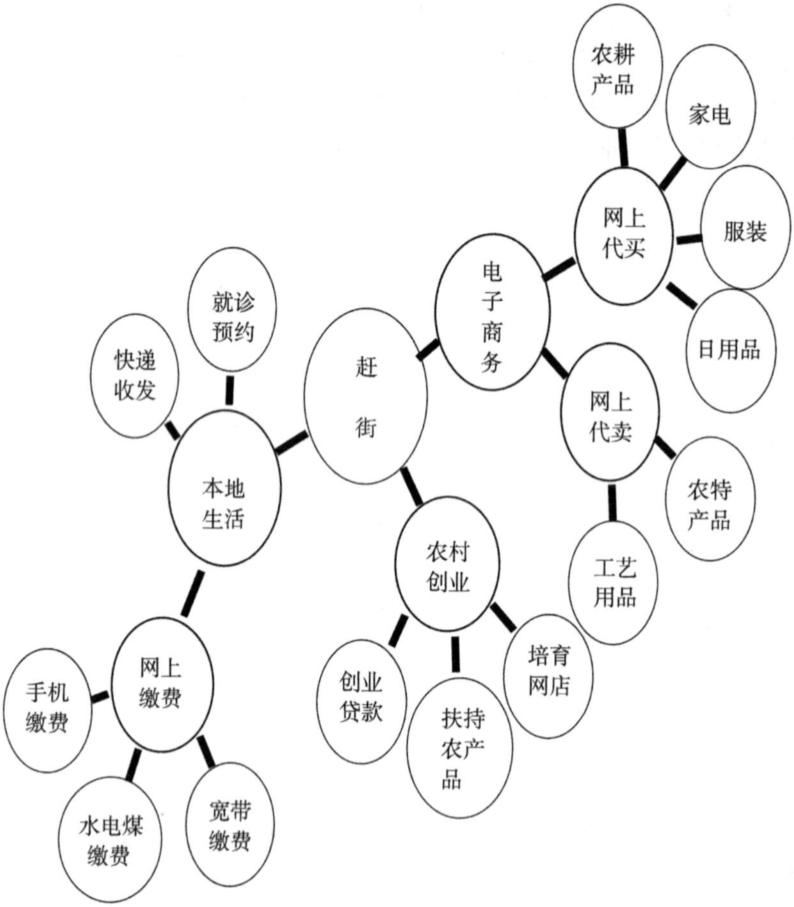

图 8-8　赶街网+农村网上代购点+农户模式的实施路径

第9章　中国农村电子商务精准扶贫发展对策和建议研究

9.1　明晰发展现状和趋势

深入分析电子商务意识普遍偏低，网上营销能力不强，网店运营效果不佳，人员收入较低，网络基础设施和电商服务网点仍不完善，物流配送网络欠发达，投资成本大，技术人才匮乏，品牌知名度较低等问题，可为电子商务促进中国各省农村精准扶贫优化路径的思路奠定基础，在此基础上，进一步明确电子商务促进中国各省农村精准扶贫优化路径和模式，为对策制定提供支持和依据。

9.2　进行农村电商精准扶贫顶层设计和规划

发展中国各省农村电子商务是转变农村发展方式的重要手段，是农村精准扶贫的重要载体。基于调整经济结构，促进经济转型发展和地方政府发展农村电子商务思路的要求，农村电子商务需与农村一、二、三产业深度融合，在产业融合发展过程中注意发挥电子商务的作用，创新果品流通方式，倒逼农村生产标准化和物流配送体系优化升级，重塑农村产业形态。可邀请商务部、中国社科院信息化研究中心、各省委农工部、西安邮电大学等国内知名电子商务领域专家、学者，从国家精准扶贫政策解析、电商精准扶贫的生态模式、顶层设计入手，有机结合各省农村贫困地区经济实际，立足农村电商精准扶贫过程中的困扰与问题，研究探讨符合各省农村实际的精准电商扶贫模式与类型。

在此基础上，基于“物流+电商”一体化和电商带动农村产业与二、三产业融合发展等理念和模式，因地制宜地规划建立覆盖整个县域的三级农产品网店运营体系、配送到村的物流体系、职业化管理的人才培训体系，精益求精的质量管理体系，一把手工程的招商引资体系等并依托扶贫专项资金、小额贷款、扶贫贴息等扶持形式，引导、带动农村贫困户投身电商创业，最终实现精准扶贫的目的。

9.3　引入农村电商人才，培养新型农民

通过建立电子商务示范农村基地，电子商务进农村启动会、电商扶贫论坛等方式，引导和带动各省内电子商务企业入住农村基地，逐渐形成产业集聚和深度融合效应，同时吸引电商人才服务基地。通过为电子商务专业毕业生提供优惠的入职政策加大各省农村电商人才的引入，从而为各省农村电子商务发展提供专业技术支持，实现电子商务促进农村精准扶贫的目标。

在人才培养和培训方面，政府应发挥其在农村电商人才培养方面的引导作用。例如，政府可加大宣传力度，组织一些有能力且有意愿学习农村电商经营的志愿者，对他们进行培训，等他们培训合格后，将其分配到各个村镇进行大范围的农村网络知识培训和辅导，着重普及电子商务的相关知识，培养新农民。通过强化与西安邮电大学等高等院校之间的联合人才培养模式，加强物流电子商务行业和人才培养的有机结合，培养实用型人才。以"合作办学、合作育人、合作就业、合作发展"为主线，分层次、分类别进一步推进人才培养体制机制创新，形成人才培训机构与农村的供需对话机制。农村企业也可邀请农村电子商务专家和技术人员对镇及村级领导干部进行农村电子商务知识培训，对农民进行电子商务基础知识普及，对农村网商进行网络经营和技术培训。各村镇可建立农村电子商务培训中心，配备电脑设施和专业人员，方便家庭困难的果农及时了解和学习相关知识，同时为农民提供相关咨询和解决问题。

另外，通过落实各职能部门和乡镇领导责任，明确责任主体，把发展壮大农村富民产业与健全农产品网络供应链、网店培育、技能培训等农村电商扶贫措施相结合，推进农产品等网货供应平台建设、网店提质增效、特色产品培育、贫困村智力扶贫培训工作，积极创建集指导、培训、管理于一体的村级农村电商扶贫点。

另外，电商物流人才的培养和引进不仅需要政府方面的大力支持，农村当地也应该采取积极的方式配合政府并主动培养电商物流人才。电商物流人才的引进和培养对农村物流现代化建设有着决定性的作用。

为了中国农村电商物流未来的发展，要求中国农村必须从当地选择出具备电商物流意识和新农村建设意识的种子学者，通过引进专业的指导，使他们了解和应用所学的知识来发展各省农村、服务各省农村。同时，各省大多数高校

也开设了电商、物流专业，农村可以通过高校深造，为自己培养出一批本土的专业型电商、物流人才。

鼓励部分专业学校制订农村物流人才的培养计划，并在相关涉农专业给予一定的资金政策支持，吸引各高校，社会物流专业人才参与农村物流建设；支持鼓励从事农村物流人员参加职业物流培训。政府应多举办与现代物流相关的下乡宣传活动，鼓励国家认证的物流培训机构或专业院校多下乡宣传，让农产品生产者认识到现代物流产生的增值。

9.4 加大对农村电商投融资和招商引资的支持力度

首先，银行等金融机构应该扩宽农村电商企业的融资渠道，尤其是完善中小企业的信贷担保机制，降低中小企业的贷款门槛。其次，电子商务协会应构建融资服务平台，为电商企业以及投资机构提供一个中间平台，使电商企业可以通过该平台向投资机构介绍自己的业务，拉近与投资机构的距离，促进项目的达成。最后，各省政府可以完善省内的投资环境，吸引天使投资和风险投资等，为电商企业的发展进一步拓宽融资渠道。政府相关管理部门应充分发挥引导中国各省农村电商发展的作用，例如，农业农村厅负责制作农村招商网站，研发农村招商引资管理信息系统，建立入驻商家数据库，设立农村招商服务大厅，编制招商工作方案，出台招商引资目标责任书、招商引资奖惩考核办法和招商引资项目评估办法。从健全产业链招商入手，围绕特色产业、关键环节、薄弱环节、缺失环节，制定农村招商引资规划和一把手负责制，坚持“走出去”发展战略，加大代运营企业、数据中心、电商美工设计招商力度，实现高层招商、精准招商。培育中小微电商孵化器，充分发挥孵化器吸纳、培育作用，进一步扩大电商园区知名度与影响力，助推招商引资工作顺利展开。加大力度联系各级相关协会，依托协会资源，联系招商代理企业，签订招商合作协议，开展代理招商，实现精准招商。

9.5 提高技能，依托科技脱贫

根据各省农户实际和自主需求，各级政府技术部门专家可以提供切实可行的种养技术、农机具使用技能等，有针对性地对农民进行培训。动员、组织农业专业高校、在农业科研院所专家和农业技术人员深入到各省农村贫困地区，通过对农户进行现场指导、种植技术培训，传授科学养殖技术，帮助农户解决生产种植中遇到的技术问题。运用农村淘宝，电商等“互联网+”模式拓宽农产品销售渠道，打通生产和消费之间的信息瓶颈，销售瓶颈。培育专业农产品市场推广人，积极参与“家乡品牌”推广销售活动。

9.6　推进农村贫困地区物流网络设施建设，提高生鲜物流技术水平

据统计，由于运输费用、运输能力、交通条件和基本产品保鲜技术，果蔬损失率达20%。因此，政府应加快完善农产品物流标准体系，积极引导农产品物流组织与国际或国内物流在物流运输、包装、加工标准、仓储等；同时，运用财政补贴鼓励农村物流组织购买国外更加先进的物流运输设备，积极发展集装箱、大型冷藏车等运输方式，不断提高农村物流自身的技术和水平。

9.7　加强农村电商物流的基础设施建设

“想要富，先修路”，这就要求政府必须在财政上大力支持中国各省农村交通网的建设工作，而中国各省农村也必须积极响应国家政策的号召，努力配合中国各省农村交通网的建设工作。只有构建出中国各省农村自己的物流配送网络，中国各省农村电商物流的发展之路才可以越走越快。同时，中国各省农村和城市互联网方面发展速度差距过大，中国各省农村互联网覆盖面积较小，然而在这个大数据的时代的要求下，信息的及时获得和资源的及时整合都能为中国各省农村物流的发展创造出很大的价值。互联网作为中国各省农村和城市信息传递和更新的媒介，对中国各省农村电商物流发展有着巨大的作用。只有不断增大互联网在中国各省农村物流法中的使用，才可以保证中国各省农村物流信息的实效性，加快物流信息在中国各省农村和城市之间传递速度。只有保持物流信息的畅通，中国各省农村物流才可以找到资源的需求，进一步促进农村资源的共享。

9.8　建立物流信息化服务平台

随着政府对社会主义新农村的建设要求，中国各省农村物流的现代化要求也逐渐增高。政府推行“互联网+农村”信息化新农村的建设，也是对中国各省农村物流信息化建设的新要求，所以中国各省农村建立自己的物流信息化服务

平台工作刻不容缓。这也是中国各省农村电商物流发展必不可少的一个环节，所以不仅政府要在政策和财力上支持中国各省农村物流信息化服务平台的建设，中国各省当地人们也应该主动向那些现代化程度高的大型物流企业学习，建设中国各省农村的信息化服务平台，加大和走在发展前列的物流企业的合作力度，使得中国各省农村物流信息化服务平台更加现代化和标准化，并根据中国各省农村发展情况，构建具有更加便利功能的新时代物流信息化服务平台。

9.9 发展龙头企业，加强市场竞争力

中国各省农村电商物流的发展，龙头企业是关键。龙头企业不仅是中国各省农村物流发展的核心竞争力，也是中国各省农村物流的技术创新和服务中心。龙头企业规模的大小以及服务质量的好坏决定着中国各省农村电商物流的发展水平。因此要根据中国各省农村当地的产业布局，因地制宜选择技术含量高，竞争能力强的企业进行大力扶植，引进先进的管理理念和优秀的管理人才，通过政策和资金的支持，培养中国各省农村独有的特色企业，从而带动整个中国各省农村电商物流的发展。

参 考 文 献

[1][美]T. G. 勒维斯．非摩擦经济——网络时代的经济模式[M]．南京：江苏人民出版社，2000.

[2][美]艾伯特·赫希曼．经济发展战略[M]．北京：经济科学出版社，1991.

[3][美]诺曼·厄普霍夫等著．成功之源——对第三世界国家农村发展经验的总结[M]．汪立华等译．广州：广东人民出版社，2006.

[4][美]西奥多·W. 舒尔茨．改造传统农业[M]．梁小民，译．北京：商务印书馆，2006.

[5] 2016 年最新全国各省市淘宝村数量统计．中商情报网，hhtps：//www. askci. com/news/hlw/20161001/11265673908. shtml.

[6] Ali Akbar Jalalia, Mohammad Reza Okhovvatb, MortezaOkhovvata. A new applicable model of Iran rural e-commerce development[J]. Procedia Computer Science. 2011, 3: 1157-1163.

[7] Dai Y, Wu J. The upgrading of local industrial cluster embedded in global value chain[J]. Computer Society, 2011, 10: 458-460.

[8] Fernando J, et al. Social networks and Web 3.0: their impact on the management and marketing of organizations[J]. Management Decision, 2012, 50(10): 1880-1890.

[9] Humphrey J. Schmitz H. How does insertion in global value chains affect upgrading in industrial clusters[J]. Regional Studies, 2002, 36: 1017-1027.

[10] Johannessena J A, Olsenb B. The future of value creation and innovations: Aspects of a theory of value creation and innovation in a global knowledge economy[J]. International Journal of Information Management, 2010, 30(6): 502-511.

[11] Li Y F, Su Q, Zheng J. Supply chain coordination based on sensitive customer quality demand[J]. Advances In Information Sciences and Service Sciences, 2012, 4(19): 264-269.

[12]Mauro Borges, Norberto Hoppen, Fernando Bins Luce. Information technology impact on market orientation in e-business [J]. Journal of Business Research, 2009(62): 883-890.

[13]Molla, A, Peszynski, K. E-Business in Agribusiness: Investigating the E-Readiness of Australian Horticulture Firms [J]. International Journal of ICT and Human Development. 2011, 3 (2): 1-18.

[14]Raymond H A. Technology value as a dynamic strategic framework [J]. European Business Review, 2010, 22 (5): 556-571.

[15]Saunila M, Ukko J. A conceptual framework for the measurement of innovation capability and its effects[J]. Baltic Journal of Management, 2012, 7(4): 355-375.

[16]Techane Bosona, Girma Gebresenbet, Ingrid Nordmark, David Ljungberg. Integrated logistics network for the supply chain of locally produced food, part I: location and route optimization analyses[J]. Journal of Service Science and Management. 2011, 4(2): 1940-9907.

[17]W. Wen, A knowledge-based e-commerce in case of mass customization [J]. International Journal of Production Economics. 2002, 75(1): 69-81.

[18]Wang J G, Zhang X B, Hu X J, Zhao J. Survey on logistics service mode based on cloud computing[M]. LISS 2013, 2015: 321-327.

[19]Zhang X, Chen R. Examining the mechanism of the value co-creation with customers[J]. Production Economics, 2008(116): 242-250.

[20]陈敏 李志刚新疆农村电子商务发展现状及对策研究[J]. 电子商务, 2015, 03.

[21]陈文浩. “互联网+ 精准扶贫”的实践与探索[J]. 中国经贸导刊, 2016(3): 70-72.

[22]程竹. 云南省农村电子商务扶贫的问题及对策研究[D]. 昆明: 云南农业大学, 2016.

[23]代正光. 国内外扶贫研究现状及其对精准扶贫的启示[J]. 甘肃理论学刊, 2016(4): 143-147.

[24]法国明年欲推出互联网扶贫计划[J]. 中国信息界, 2006(13).

[25]符悠悠. 马克思主义贫困理论与农村扶贫的路径选择研究[D]. 南昌: 东华理工大学, 2016.

[26]国家统计局农村社会经济调查司. 2001—2004 中国农村贫困检测报

告[R]. 北京：中国统计出版社，2004.
[27]胡俊波. 农产品电子商务发展模式研究：一个模式构想[J]. 农村经济，2011(11)：111-113.
[28]胡丽丽. 陕西苹果电子商务物流发展问题研究[J]. 北方经贸，2012(9).
[29]黄承伟，刘欣."十二五"时期我国反贫困理论研究述评[J]. 云南民族大学学报：哲学社会科学版，2016，33(2)：42-50.
[30]黄小荣. 我国农村贫困现状与反贫困策略分析[D]. 武汉：华中师范大学，2007：18-19.
[31]姜长云. 推进农村一二三产业融合发展的路径和着力点[J]. 中州学刊，2016(5)：43-49.
[32]解梅娟. 电商扶贫："互联网+"时代扶贫模式的新探索[J]. 长春市委党校学报，2016(2)：12-15.
[33]康春鹏. 我国农村电子商务研究综述[J]. 农业网络信息，2014(12).
[34]乐冬. 基于统筹城乡信息平台的农产品电子商务模式研究[D]. 北京：中国农业科学院. 2012.
[35]黎沙. 我国精准扶贫的实践困境及对策研究[D]. 南京：南京大学，2016：13-15.
[36]李海平，刘伟玲. 农村电子商务存在的问题与模式创新[J]. 陕西科技大学学报. 2011，29(2)：189-191.
[37]李玲芳，徐思远，洪占卿. 农村电子商务：问题与对策[J]. 中共福建省委党校学报，2013(5)：70-74.
[38]李玮，王璐. 河南省农村电子商务发展思路与对策[J]. 河南科技学院学报，2016，36(3)：42-45.
[39]李新泉. 浅析电子商务对我国农业经济的影响[J]. 商业文化(下半月)，2011(9)：114-115.
[40]李煊. 农村电商的双边市场模式[J]. 商业评论，2014(33)：10-16.
[41]李异菲，张德亮. 对我国农村电子商务发展的思考[J]. 云南农业大学学报：社会科学版，2007(2)：14-17.
[42]李永飞，毛凤霞. 电子商务促进陕西果业精准扶贫和可持续发展动力分析[J]. 农村经济与科技，2016，27(23)：121-122.
[43]李永飞，苏秦. 考虑质量改进的双渠道供应链协调研究[J]. 软科学，2015，29(7)：35-39.
[44]林广毅. 农村电商扶贫的作用机理及脱贫促进机制研究[D]. 北京：中国

社会科学院研究生院，2016.
[45]凌守兴．我国农村电子商务产业集群形成及演进机理研究[J]．商业研究，2015(1).
[46]刘可．农村电子商务发展探析[J]．经济体制改革，2008(6)：171-174.
[47]刘牧．当代中国农村扶贫开发战略研究[D]．长春：吉林大学，2016.
[48]刘其强，丁斌．农村电子商务与新型城镇化建设[J]．中国国情国力，2016(1)：22-23.
[49]苗齐．中国农村贫困的变化与扶贫政策取向[J]．中国农村经济，2006(12)：55-61.
[50]谋划好“十三五”时期扶贫开发工作 确保农村人口到2020年如期脱贫[N]．人民日报，2015-06-20.
[51]纳克斯．不发达国家的资本形成[M]．北京：商务印刷馆，1986：17.
[52]聂林海．“互联网+”时代的电子商务[J]．中国流通经济，2015(6).
[53]屈莉莉．电子商务经济学[M]．北京：电子工业出版社，2015.
[54]任宗哲等．陕西经济发展报告[J]．中国农村经济，2006(12)：55-61.
[55]邵占鹏．农村电子商务的兴起与新兴城镇化的破局[J]．汉江大学学报，2015(32)：23-24.
[56]孙沁．“互联网+扶贫”——湘西州电商扶贫模式初探[J]．农业科技与信息，2016(28)：115-116.
[57]唐麒．浅谈网络经济中梅特卡夫法则及其应用[J]．无锡职业技术学院学报，2006(3)：79-80.
[58]汪向东，王昕天．电子商务与信息扶贫：互联网时代扶贫工作的新特点[J]．西北农林科技大学学报：社会科学版，2015，15(4)：98-104.
[59]汪向东，王昕天．电子商务与信息扶贫：互联网时代扶贫工作的新特点[J]．西北农林科技大学学报，2015(15).
[60]汪向东．电商扶贫：是什么，为什么，怎么看，怎么办[OL]．农视网，http：//www.ntv.cn/p/103847.html.
[61]汪向东．电商扶贫15字诀[J]．农产品市场周刊，2015(23)：46-47.
[62]汪向东．电子商务与信息扶贫：互联网时代扶贫工作新特点[J]．西北农林科技大学学报，2015，15(4)：98-106.
[63]汪向东．互联网时代我国减贫扶贫新思路——“沙集模式”的启示[J]．信息化建设，2011(2)：6-9.
[64]汪向东．农村电商发展的关键在赋能和激活[OL]．亿邦动力网，http：//

www. ebrun. com/201512231160004. shtml.
[65]王刚．基于我国农村电子商务发展的关键要素解析[J]．现代商业，2017(22)：90-91.
[66]王嘉伟．“十三五”时期特困地区电商扶贫现状与模式创新研究[J]．农业网络信息，2016(4)：17-21.
[67]魏霜．浅谈电子商务在我国农业中的应用[J]．商场现代化，2007(9)：155.
[68]文雁兵．包容性增长减贫策略研究[J]．经济学家，2015(4)：82-90.
[69]徐旭初．再议农村电子商务：互联网赋能“三农”[J]．中国农民合作社，2015(4).
[70]许婵，吕斌，文天祚．基于电子商务的县域就地城镇化与农村发展新模式研究[J]．国际城市规划，2015(1).
[71]张鸿，王哲．陕西电子商务发展模式创新及实现路径[J]．当代经济，2014(7).
[72]张鸿．城乡宽带发展与农村信息化建设研究[M]．北京：中国社会科学出版社，2014.
[73]张基温等．电子商务原理[M]．北京：电子工业出版社，2009.
[74]张雷．注意力经济学[M]．杭州：浙江大学出版社，2002.
[75]张茜岚．苏宁与扶贫办合作电商扶贫[N]．北京日报，2015-09-26(07).
[76]张枢盛，陈继祥．颠覆性创新的框架分析及技术的角色[J]．科技进步与对策，2013，30(2)：1-4.
[77]张彤．试分析“互联网+”电商扶贫模式[J]．理论研究，2016(3)：36-40.
[78]张喜才．电子商务进农村的现状、问题及对策[J]．农业经济与管理，2015(31)：77-78.
[79]张正君．电子商务发展对湘西州精准扶贫的作用分析[J]．产业与经济，2016(9).
[80]郑瑞强．精准扶贫政策的理论预设、逻辑推理与推进机制优化[J]．宁夏社会科学，2016，197：118-122.
[81]郑颖洁，刘燕妮，胡列格．基于电子商务的农产品物流组织模式构建[J]．经济物流．2008，2：52-55.
[82]中办国办印发《关于创新机制扎实推进农村扶贫开发工作的意见》[N]．人民日报，2014-01-26.
[83]周海琴．农村电子商务助力农民反贫困的机理和效果研究[D]．北京：中

国社会科学院研究生院，2012.
[84]朱家瑞，起建凌．农村电子商务扶贫模式构建研究[J]．农业网络信息，2015(1).
[85]朱君璇．新农村建设视角下的我国农业电子商务发展策略[J]．农业经济，2008(11)：93-94.
[86]李平云，杜晓娟．乡村电子商务能否成为乡土社会的托举新力——基于乡村电子商务产业的研究 [J]．住宅与房地产，2015(S1)：1-2.
[87]林洁．农村电商的发展现状研究 [J]．南方农机，2015(1)：94-95.
[88]刘岩．吉林省农村电子商务物流发展研究——基于可持续发展视角 [J]．现代商业，2016(11).
[89]刘岩，李娜．吉林省农村电商与物流互动发展实证研究[J]．综合运输，2017(8)：105-110.
[90]李梓华．浅谈我国农村电商物流发展对策[J]．北方交通，2017(1)：88-89.
[91]刘子杨，赵静．"互联网+"背景下农村电商物流新发展[J]．中国商论，2017(22)：18-19.
[92]余鹃．驻马店市农村电商物流发展面临的困境与出路[J]．企业科技与发展，2018(3)：17.
[93]胡铭焓．精准扶贫背景下陕南反贫困路径研究[J]．东北农业科学，2018(4).
[94]王建忠，孙蕊．河北省贫困地区的精准扶贫现状调查[J]．黑龙江科学，2017(7).
[95]何仁伟，丁琳琳．精准扶贫背景下我国农村贫困机制研究综述[J]．江苏农业科学，2018(17).
[96]雷飞．农村劳动力流动背景下空巢老人赡养问题探讨[J]．经济研究导刊，2018(29).
[97]黄聪．南疆国门勇闯"边贸扶贫"新路[J]．当代广西，2018(9).
[98]薛定刚．旅游精准扶贫路径研究[J]．城市学刊，2016，37(1).
[99]黄吉，钟婷，朱荪远．国外文化精准扶贫案例研究与借鉴[J]．图书馆杂志，2016(9).
[100]李劲松，李文生．贫困地区农村留守儿童心里与教育问题分析[J]．经济研究导刊，2018(15).
[101]林广毅，康春鹏．精准扶贫战略下的电商扶贫[J]．中国科技财富，2016

(6)：76-77.
[102]刘琳琳，冯涛．“互联网+”视域下农村电商精准扶贫创新模式研究——以景德镇为例[J]．重庆科技学院学报：社会科学版，2017(7).
[103]陈孝强．“精准扶贫”视域下山区农村电商发展研究——以十堰地区为例[J]．湖北工业职业技术学院学报，2017(1).
[104]丁菊，信文峰，柳西波．精准扶贫视域下农村电商发展策略研究[J]．河北省社会主义学院学报，2018(2).
[105]黄新成．精准扶贫背景下农村电商发展形势研究[J]．劳动保障世界，2017(36).
[106]叶诗凡．乡村振兴下我国农村电商精准扶贫的新路径[J]．电子商务，2019(4).
[107]董宇峰，徐宁．乡村振兴背景下河北农村电商持续发展对策研究——基于淘宝村的数据[J]．现代营销：创富信息版，2019(4).
[108]黎星池．乡村振兴战略下农村电商扶贫发展研究——以贵州省为例[J]．中国商论，2019(7).
[109]唐瑶．乡村振兴背景下“互联网+农村电商”精准扶贫模式的研究——以贵州省遵义市为例[J]．太原城市职业技术学院学报，2018(10).
[110]许应楠．乡村振兴战略下农村电子商务精准扶贫路径重构——基于协同理论视角[J]．商业经济研究，2019(8).
[111]孙琳．乡村振兴战略下农村电商发展的新契机[J]．河北企业，2019，355(2)：89-90.
[112]陈滢，苏宝财．乡村振兴视角下农村电商扶贫问题研究——以安徽省砀山县为例[J]．江西农业，2019，153(4)：132-133.
[113]王昆．乡村振兴战略下农村电商精准扶贫模式研究[J]．乡村科技，2018(35).
[114]杨淏然．谈乡村振兴战略下农村电商发展的新契机[J]．智库时代，2019(13).
[115]王腾．新时代背景下的乡村振兴战略研究[J]．产业与科技论坛，2019(10).
[116]文琦，郑殿元，施琳娜．1949—2019年中国乡村振兴主题演化过程与研究展望[J]．地理科学进展，2019，38(9).
[117]吴丽丽，陈东旭．乡村振兴战略下的农村电商发展策略分析[J]．海峡科技与产业，2019(1).

[118]黄芳，姜宇．乡村振兴战略背景下农村电商人才培养模式研究[J]．农场经济管理，2019(5)：38-40.

[119]刘仲妮，成鹏远，严铠，等．中国农村电子商务助力精准扶贫分析与展望[J]．农业展望，2019(5)：23-26.

[120]郭水菊．乡村振兴战略下新型农业经营主体的培育发展研究——以武威市为例[J]．甘肃农业，2019(8).

[121]杨裕民，程晓君．乡村振兴背景下农村共享经济发展研究——以安徽省安庆市为例[J]．湖北经济学院学报(人文社会科学版)，2019(7).

[122]倪锦君．实施乡村振兴战略的关键要素及其发展路径研究——以浙江省东阳市花园村为例[J]．今日财富(中国知识产权)，2019(4).

[123]李晶玲，张双英，谢瑞芬．电商扶贫调查[J]．中国金融，2015(22)：90-91.

[124]汪向东．四问电商扶贫[J]．甘肃农业，2015(13).

[125]郑瑞强，石寒，张哲铭．电商扶贫转型升级的推进策略[J]．中共山西省委党校学报，2018(3)：65-68.

[126]王全春，周铝，龙蔚，等．我国农村电商扶贫研究述评[J]．电子商务，2017(3).

[127]刘洋，冒玉陈，杨红，等．铜仁农村电商扶贫发展研究[J]．合作经济与科技，2019(13)：154-155.

[128]朱泽琴．农村电商扶贫的模式及路径分析[J]．吉林金融研究，2019(4)：32-38.

[129]邓仲平，辜雄霖．基于电商扶贫措施效果的实证分析[J]．农村经济与科技，2019，30(10).

[130]杨雪云，时浩楠．电商扶贫效率的空间特征及影响因素分析：以大别山区为例[J]．统计与决策，2019(16).

[131]韦璐．论微信在农村电商扶贫培训中的实践意义与作用[J]．现代职业教育，2019(9).

[132]张妍，王晓赐，安彤，等．乡村振兴战略下河北省电商扶贫路径的新探索[J]．河北企业，2019(9).

[133]覃棹，顾典．互联网+背景下少数民族地区电商扶贫研究[J]．电子商务，2019(6).

[134]董彦龙，胡璇．基于电商扶贫的农村电商发展现状分析——以甘肃省陇西县“中国药都”产业群为例[J]．商业经济，2019(6).

[135]袁雨，刘嘉敏，黄希明，等．政校行企协同“互联网+”背景下农村电商扶贫的模式研究——以广东工贸职业技术学院农村电商公益创业项目为例[J]．教育教学论坛，2019(26).
[136]杨雪，王思凡，杨晓．农村电商扶贫困境及策略研究[J]．中国市场，2019(20).
[137]王彩霞．“互联网+”时代背景下博兴电商扶贫创新研究[J]．活力，2019(4)：49-49.
[138]张建宁，郝丽霞．渭南地区农村电商扶贫推进机制研究[J]．知识经济，2019(14).
[139]陈景国．2018 农村电商扶贫政策与六大新举措[J]．农产品市场周刊，2019(1).
[140]董悦祺，刘新玉，任佳昕，等．吉林省农村电商扶贫模式探析[J]．南方农业，2019(15).
[141]谢乐．精准扶贫下“湖南电商扶贫小店”发展问题研究[J]．全国流通经济，2019(12)：11-13.
[142]孙敏敏，付园园．电商扶贫的博兴实践[J]．活力，2019(4).
[143]李伊，王梦黎，张芳群，等．“互联网+”背景下电子商务扶贫模式研究[J]．现代商贸工业，2019(18)：48-50.
[144]伦墨华，马敬元，郭贺彬．“互联网+”背景下 农村电子商务精准扶贫模式创新[J]．农村金融研究，2019(2).
[145]彭芬，刘璐琳．农村电子商务扶贫体系构建研究[J]．北京交通大学学报：社会科学版，2019，18(1).
[146]刘存，谢妍捷．社交电商精准扶贫中的物流短板研究[J]．安徽商贸职业技术学院学报：社会科学版，2019(1).
[147]陈锦，黄玉娜，梁秋怡．农村电子商务对扶贫工作的效用分析——以广西横县“农村淘宝”项目为例[J]．农村经济与科技，2019(8).
[148]吴爱萍，曾嘉兴，黄汝琛，等．应用电商新媒体营销扶贫脱贫的途径与方法[J]．电子商务，2019(7).
[149]刘仲妮，成鹏远，严铠，等．中国农村电子商务助力精准扶贫分析与展望[J]．农业展望，2019(5)：23-26.
[150]张宁，包振山，杨其琛．农村电商“精准扶贫”发展模式研究[J]．当代农村财经，2019(7).
[151]赫立群．浅谈辽宁地区发展农村光伏扶贫[J]．新农业，2019(5).

[152]齐美娟. 农产品电商成为农村经济发展新动能[J]. 中国国情国力，2019(8).
[153]李莉，彭文菁. 基于腾讯为村的“互联网+”精准扶贫实证研究——以湖北省郧西县彭家湾村为例[J]. 山西农经，2019(8)：12-13.
[154]张艺，许静.“精准扶贫”政策背景下广东省农村电子商务发展探析[J]. 中国管理信息化，2019(12).
[155]许军林. 基于农村电子商务的信息扶贫策略研究[J]. 中国商论，2019(7).
[156]欧阳明慧，窦德强. 精准扶贫背景下 农民工进入物流行业创业的可行性研究[J]. 物流科技，2019(6).
[157]程军锋. 电子商务在乡村旅游助力精准扶贫中的应用研究[J]. 电子商务，2019(7).